别让不好意思害了你

杨 航 编著

吉林文史出版社

图书在版编目（CIP）数据

别让不好意思害了你 / 杨航编著. -- 长春 : 吉林文史出版社, 2019.7（2024.8重印）

ISBN 978-7-5472-6014-2

Ⅰ. ①别… Ⅱ. ①杨… Ⅲ. ①心理交往–通俗读物 Ⅳ. ①C912.11-49

中国版本图书馆CIP数据核字(2019)第042409号

别让不好意思害了你

BIERANGBUHAOYISIHAILENI

编　　著　杨　航

责任编辑　张雅婷

封面设计　末末美书

出版发行　吉林文史出版社有限责任公司

地　　址　长春市福祉大路5788号

电　　话　0431-81629353

网　　址　www.jlws.com.cn

印　　刷　北京永顺兴望印刷厂

开　　本　880mm × 1230mm　1/32

印　　张　4

字　　数　80千

版　　次　2019年7月第1版　2024年8月第2次印刷

定　　价　19.80元

书　　号　ISBN 978-7-5472-6014-2

前 言

在你的有生之年，是否有以下情况：

对于父母，你不好意思说爱，等某天追悔莫及，却再也没有了补救的机会：对于暗恋对象，你不好意思表白，于是便错失了一段姻缘；对于过错，你不好意思说“对不起”，于是让隔阂变得越来越深；对于误会，你不好意思解释，便让误会一再升级；对于债务，你不好意思去索要，于是总也还不回来，自己的血汗钱却被别人挥霍着……

对于以上情况，如果在你的身上经常发生，并存在很多种，那么实在该警惕，因为“不好意思”正阻碍着你个人的发展。

在当代，个人的“不好意思”心理可以说要比以往任何一个年代都要强烈。随着人们思想观念的提高、高等教育的普遍实施，人们各个方面的素质也都随之提升，这样便出现了一个很有意思的现象：因为文化素养提高，有些人会更加看重个人的面子、地位等问题，所以在某些事情上他会更加觉得“不好意思”。比如，朋友向你借钱，你不好意思拒绝，到了还款日期之后，你又不好意思索要。因为你觉得是朋友，所以不好意思。因此，社会上便出现了很多像你这样的说不清的官司，友谊也因此四分五裂。

当然，这只是导致人不好意思的一方面，个人的性格、生活环境等因素也是影响一个人对某些事情“不好意思”的原因之一。总之，“不好意思”通常会给自己带来消极的影响。如果太阳不好意思露脸，便没有晴天；星月若不好意思闪耀，便没有了璀璨的星空；风若不好意思吹云，便没有雨；种子若不好意思发芽，便没有花草树木……

人若不好意思呢？其中的苦涩滋味恐怕只有自己知道了。

有些人，因为有些话不好意思说，有些事不好意思做，所以在生活中饱受忧虑、痛苦、伤害等的煎熬。

一直以来，我们推崇敦厚、谦让的品格，从小，父母一边潜移默化一边耳提面命地教育我们要谦让，要相信吃亏是福，从而导致了大部分人不好意思，遇事不争，委曲求全。随着时代的发展，目前社会越来越遵循丛林法则。适者生存、弱肉强食之下，不好意思已经是懦弱、无能、自卑的代名词。我们时刻受到不好意思的伤害——不好意思争取合理利益，从而处处受损；不好意思拒绝无理要求，从而麻烦不断；不好意思赞美，从而失去升迁机会……《别让不好意思害了你》，让你彻底意识到不好意思的危害，完全治愈不好意思的心理疾病。学会拒绝别人，学会赞美和沟通，不再懦弱和自卑，做生活的主人！

目 录

序 章 你可以说“不” …………………………………… 1

说不，没你想象得那么可怕 ………………………… 1

说“不”是一门学问 ………………………………… 3

不要硬撑着，该说“不”时就说“不” ………… 5

第一章 都是“不好意思”惹的祸，为什么拒绝总难以说出口 ………………………… 6

千万别陷入“面子观”的怪圈 ……………………… 6

别为面子沉浸在别人的吹捧中 ……………………… 9

自欺欺人，只能作茧自缚 ………………………… 10

不要把得失看得太重 ……………………………… 11

走出虚荣的死胡同 ………………………………… 12

力不从心时要大胆说“不” ……………………… 13

“不好意思”是一种失败的心理习惯 …………… 16

第二章 “老好人”是一种病，你的善良也要有点儿锋芒 …… 19
你的善良成就别人的强硬 …… 19
正直不是一味愚憨 …… 20
你可以善良，但千万不要滥用 …… 21
以直报怨，让你的善良长出牙齿 …… 22
做好人，但不做滥好人 …… 23
拒绝别人的请求并不是一丢脸的事情 …… 23
远离搬弄是非的人 …… 26
第三章 亮出你的铜墙铁壁，别让诡计有可乘之机 …… 29
经常恭维你的，多数是你的敌人 …… 29
别人的花言巧语和满脸堆笑或许暗藏杀机 …… 30
反常的举动背后必有不可告人的意图 …… 31
免费的午餐里大多有“毒药” …… 31
听到“一见如故”，就要提高警惕保持距离 …… 32
越是“美丽”的东西越要防范 …… 34
越是“热心”，越要防范 …… 35
用理智避开机遇中的陷阱 …… 36
学会对朋友义气说“不” …… 37
第四章 我的人生需要指点，但拒绝指指点点 …… 40
永远不要失去自我 …… 40
你是谁由你自己决定 …… 41
别太在意别人的眼光，那会抹杀你的光彩 …… 42

自己的人生无须浪费在别人的标准中 …………… 43
你不可能让每个人都满意 ………………………… 44
不去和谁比较，只需做好自己 ……………………… 45
不要太在意别人对你的看法 ……………………… 46
先爱自己，再爱别人 ……………………………… 47
你就是你，没有人可以取代 ……………………… 49
向干涉自己生活方式的人说“不” ………………… 51
他人只是看客，不要把命运寄托于人 …………… 53
在主动中体现你的价值 …………………………… 56
举手投足间展现你的强势 ………………………… 58
第五章 拒绝是一门艺术，掌握不惹恼对方的技巧……… 60
拒绝要选择适当的时机和场合 …………………… 60
巧妙拒绝亲朋好友的不当请求 …………………… 61
拒绝求爱这样说 ………………………………… 63
通过暗示巧说“不” ……………………………… 66
师出有名，给你做的事一个说法 ………………… 67
学会非辩护式应对，从容化解责难 ……………… 68
第六章 硬拒不如柔拒，回绝却不伤害对方……………… 71
先承后转，让对方在宽慰中接受拒绝 …………… 71
友善地说“不”，和和气气将其拒绝 ……………… 72
巧踢“回旋球”，利用对方的话来拒绝他 ………… 73
顾及对方尊严，让他有面子地被拒绝 …………… 74
贬低自己，降低对方期望值，顺势将其拒绝 …… 75

第七章 直拒不如委拒，拐个弯令对方主动放弃………… 77
找个人替你说“不”，不伤大家感情 ………… 77
你的托词不能损害对方的利益 ………… 78
拒绝要真诚，不能让人感觉你敷衍了事 ………… 81
艺术地下逐客令，让其自动退门而归 ………… 82
向各种难缠的推销说“不” ………… 85
第八章 挺起自己的脊梁骨，拒做职场“受气包”………… 87
怎样拒绝领导又不会让其生气 ………… 87
对不合理的加班说“不” ………… 89
向靠得太近的下属说“不” ………… 92
委婉拒绝下属提出的额外加薪的要求 ………… 95
同事之间竞争要多长个心眼 ………… 98
同事争功，用不伤和气的方式捍卫自己 ………… 99
工作中的好心人未必都有好心肠 ………… 101
第九章 千万别好心泛滥，到头淹死的是自己………… 103
你的宽容，不应该不辨是非 ………… 103
拒绝别人的伤害，是对自己最基本的善 ………… 105
委屈自己成全别人，只是感动了自己而已 ………… 107
沉默有时是一种自我伤害 ………… 110
忍一时风平浪静，忍一世一事无成 ………… 111
不必睚眦必报，但也不必委曲求全 ………… 113
爱情不是慈善，不喜欢就果断拒绝 ………… 114
帮忙也要有尺度 ………… 117

序　章

你可以说“不”

说不，没你想象得那么可怕

很多人在面对别人的时候，不敢拒绝对方，总是担心拒绝别人会导致一些问题的出现，比如：

如果拒绝了对方，别人会觉得我很自私；

如果拒绝了对方，别人会和我疏远；

如果拒绝了对方，别人将不再与我来往。

然而，真的是这样吗？其实不然，这些场景在多数情况下都没有真实地发生，而只是发生在你的头脑里。正是因为幻想出来的这些可怕场景，让你不敢对别人说不，哪怕是非常过分的要求，哪怕心里却并不是真的乐意。但是这些压抑的情绪并不会自己消失，一旦被别人察觉，不仅不会得到别人的感激，没准还会招来怨恨。

结果，自以为的忍让，不仅让自己痛苦不堪，而且答应别人的事情，也没有能够很好地完成，换来的只有自己的痛苦。殊不知，敢于拒绝别人，才能够换来真正健康、良好的人际关系。

在职场上，很多人不敢拒绝领导和同事，也是出于一些似是而非的理由：

如果我拒绝了领导，会因此而触犯他；

如果我拒绝了领导，会失去晋升的机会；

如果我拒绝了同事，会损害我的人际关系；

如果我拒绝了同事，会让别人觉得我没有团队意识；

……

事实上却往往并非如此。在职场中，任何一个人的加薪或者升职一定不只是因为他做的事情多，一定不只是因为他总是在帮助别人，也不是因为他从不拒绝领导。在职场中，如果遇到了以下三种状况，你最好拒绝对方，这样对你和对方都是负责任的表现：

第一，被安排超出了工作范围的事务；

第二，被安排超过了自己能力范围的工作；

第三，让自己或者自己团体的利益受损。

面对这样的状况，如果你不敢拒绝对方，那么你在职场的前途就堪忧了。没有领导喜欢看到自己的下属总是在处理职责以外的事情，没有领导喜欢看到自己的下属做一些让团队利益受损的事情，更没有人希望看到你答应的事情却无力办到。所以说，面对这样的状况，绝对不能够忍气吞声。

说“不”未必会带来什么严重的后果，但是不会说“不”，却会为你带来烦恼。在职场上，如果你总是想回避冲突，不敢据理力争，就会被别人看扁。所以，在面对不合理的要求的时候，勇敢地对对方说：“对不起，这样不行！”

说“不”是一门学问

在生活中，对于大多数人来说，张口拒绝别人是一件很棘手的事情。面对别人的请求，大多数人都担心拒绝对方会使感情受到伤害而迟迟不愿张口。但不拒绝又会使自己处于两难境地，对方提出的事情或者自己完成起来有难度，又或者会因此造成自己不小的损失。

相信许多人都会因此而苦恼不已。怎样能让自己的措辞既清晰地表达意思，又不会伤及所有人的情感和自尊，甚至在拒绝他人时都能让对方愉悦地接受。这是一门高深的学问。

当你想拒绝别人时，心里总是想：“不，不行，不能这样做，不能答应！”可是，嘴上却含糊不清地说：“这个……好吧……可是……”这种口不应心的做法，一方面是怕得罪人；另一方面，过于直率地拒绝，也不利于待人接物。

1.要敢于说出“不”

即使面对亲密之人的不当要求，我们也一定要坚持自己的原则。

一般来说，尽可能地帮助自己的亲密之人，这是人之常情。但是当他们的要求有违国家法律法规、有违社会公共道德或有违家庭伦理时，我们应坚守自己的原则立场，毫不留情地予以拒绝，还应帮助对方改变那些错误的思想和行为。

2.给出明确的回应

拒绝别人不是一件什么罪大恶极的事情，也不要把说“不”当成是要与人决裂。是否把“不”说出口，应该是在衡量了自己的能力之后，做出的明确的回应。虽然说“不”难免会让对方生气，但与其答应了对方却做不到，还不如表明自己拒绝的原因，相信对方也会体谅你的立场。

3.拒绝时要讲究艺术

当你拒绝对方的请求时，切记不要咬牙切齿、绷着一张脸，而应该带着友善的表情来说“不”，才不会伤了彼此的和气。

任何人都不愿被拒绝，因为被拒绝，会使人感到失望和痛苦。在拒绝对方时，更要表现出你的歉意，多给对方以安慰，多说几个“对不起”“请原谅”“不好意思”“您别生气”之类的话。

拒绝别人是一件很难的事，如果处理得不好，很容易影响彼此的关系。所以，在拒绝别人的时候一定要绕个圈子说“不”。喜剧大师卓别林就曾说过一句话：“学会说‘不’吧！”学会有艺术地说“不”，才是真正掌握了说话的艺术。

拒绝是一门学问，是一项应变的艺术。要想在拒绝时既消除了自己的尴尬，又不让对方无台阶可下，这就需要掌握巧妙的拒绝方法。

不要硬撑着，该说“不”时就说“不”

生活中有很多缺“心眼儿”的人，由于某种原因而抹不开面子，明明知道是自己很难办到的事，硬是撑着，结果使自己受累，对方也往往会感到尴尬，弄个费力不讨好的结局。

做人应该懂得保护自己，该推脱的必须推脱。不要凡事都往自己身上揽，这样别人才会重视你、尊重你。一味地好心，不只加重了别人的依赖，也加重了自己的负担，导致自己生活得很累。

第一章

都是“不好意思”惹的祸，为什么拒绝总难以说出口

千万别陷入“面子观”的怪圈

顾名思义，“面子观”是一种死守面子、唯面子为尊的价值观念和行事思想。“面子观”对我们行事做人有很大的束缚。因此在不利的环境下我们要勇于说“不”，千万别过多地考虑“面子”，陷入“面子观”的怪圈之中。

很多时候，我们常被别人支配，去做一些自己本不想做的事情。他们最常挂在嘴边的是：“你应当……”“你帮我做……”一般人碰到这类要求，通常都很难回绝，尤其是提出要求的人是你最亲密的伙伴，“不”字就更难说出口了。日子一久，这种互动关系定型后，就形成了一种默契或是彼此的承诺。

万一哪一天对方又要你做这个做那个，而你却坚持己见时，会发生什么事呢？对方可能会勃然大怒，认为你违背了双方的承

诺；如果你坚持不做这些“应该”做的事，你会心生愧疚。

你可知道为什么会有愧疚感？这是因为双方过度的情感乞求所致。

你之所以会顺从对方的要求，说穿了，就是想通过这种顺从的表现来得到对方赞许的态度、关爱的眼神，想去取悦对方。

当这种取悦方法成了你行事的模式以后，你会觉得拒绝对方的要求一定会让他很不高兴，而你也会觉得很对不起他。愧疚的感觉很像忧惧，而忧惧就好像是坐在一张摇摇椅上，你就只能这么晃荡着，看起来好像能将你摇向什么地方，但却只是在原地摆荡，让你什么地方也去不了。

不要忘了，我们有权利决定生活中该做些什么事，而不应由别人来代做决定，更不能让别人来左右我们的意志，使自己成为傀儡。况且，他人并不见得比我们更了解情况，也不会比我们聪明到哪里去，所以，他们所提出的这类“理所当然”的事很可能不是我们的最佳抉择。

你的最佳抉择还是应该经由自己深入分析、思考之后，做出的判断。

事实上，我们常常过度在乎自己对别人的重要性，就好像我们常常听到调侃别人的一句话：“没有你，地球照样在转动。”这句话的意思是说，没有什么人是不能被取代的。如果你把每一件事都看成是你的责任，妄想完成每一件事，这无异于自找苦吃。你真正该尽的责任是，对你自己负责，而不是对别人负责。你首先应该认清自己的需求，重新排列顺序，确定究竟哪些对你才是真正重要的。把自己摆在第一位，这绝不是自私，而是你对自己的认同。

有些时候你虽然赞成对方的说法，可是你觉得还是有些为难，你不知道该如何开口说“不”。

真有那么困难吗？其实说“不”是我们的本能。心理学家说，人类所学的第一个抽象概念就是用“摇头”来说“不”，譬如，一岁多的幼儿就会用摇头来拒绝大人的要求或者命令，这个象征性的动作，就是“自我”概念的起步。

“不”固然代表“拒绝”，但也代表“选择”。一个人通过不断的选择来形成自我，界定自己。因此，当你说“不”的时候，就等于说“是”，你“是”一个不想成为什么样子的人。

勇敢说“不”，这并不一定会给你带来麻烦，反而是替你减轻压力。如果你现在不愿说“不”，继续积压你的不快，有一天忍耐到了极限，你失控地大吼：“不！”面对难以收拾的残局，别人可能会反过头来不谅解地问你：“你为什么不早说？”

如果你想活得自在一点儿，请勇敢地站出来说“不”。记住，你不必内疚，因为那是你的基本权利，别为了面子而委曲求全。

别为面子沉浸在别人的吹捧中

喜欢被赞美是人的天性，但切不可因为面子而一味地沉沦其中。

在生活中，当我们被别人赞扬的时候，要考虑到别人拍自己马屁的因素是多方面的，因为爱，就会有偏袒；因为害怕，就会有不顾事实的讨好；因为有求于人，便会有虚夸。历史上，因为不能正确对待他人赞美而导致失败的例子不胜枚举，最令人扼腕叹息的恐怕就是王安石笔下的方仲永了。

金溪县有个叫方仲永的人，他家世世代代以种田为业。方仲永5岁时便能作诗，并且诗的文采和寓意都很精妙，值得玩味。县里的人对此感到很惊讶，慢慢地都对他的父亲高看一等，有的还拿钱给他们。他父亲认为这样有利可图，便每天拉着方仲永四处拜见县里有名望的人，表演作诗，却不让他抓紧学习。到最后，方仲永已与众人无异。他的聪明才智最终被完全抹杀了。

和方仲永不同的是，世界上越是伟大的人物，越能够清楚地认识自己，对待他人的赞美，往往表现出谦虚谨慎的态度，有的甚至还很反感别人奉承自己。

牛顿，这位杰出的学者、现代科学的奠基人，他发现了万有引力定律，提出了成为经典力学基础的牛顿运动定律，出版了《光学》一书，他创制了反射望远镜，还是微积分学的创始人……功绩显赫，光彩照人，可当听到朋友们称他为“伟人”

时，他却说："不要那么说，我不知道世人会怎么看我。不过我自己只觉得好像一个孩子在海边玩耍的时候，偶尔拾到几只光亮的贝壳。但真正的知识海洋，我还没有发现呢。"有这样谦逊好学、永不满足的精神，牛顿的成功是必然的。

古今成大事业、大学问者，正是因为有了能够正确对待他人赞扬的态度和谦逊好学的精神，才达到人生的光辉顶点的。

自欺欺人，只能作茧自缚

为了面子，自欺欺人，是不成熟的标志。更可悲的是，欺心会让我们活在痛苦之中。

忠贞，但不要愚忠；放弃，但不要失去自我。幸福如同穿鞋，是否舒服，只有自己知道，不是做给人看的。有些幸福，对自己而言，是如此真实，但在外界看来，却不精彩；有些"体面"与"光荣"，人们是如此看好，但身陷其中的你，才真正体会到各种无奈。

在婚姻生活中如此，在社会交往中也是如此，我们不能为了一时的面子，而自欺欺人，那样只能打碎了门牙往肚里咽，最后受伤的还是我们自己。

不要把得失看得太重

在交际应酬中我们会发现，只有那些要面子的人才会把得失看得很重。过度爱面子让他们不懂得放弃，他们的心像钟摆一样在得失间摇摆。

汉代司马相如所著《谏猎书》有云：“明者远见于未萌，而智者避危于未形。”卧薪尝胆的故事说的便是这一道理。

我们在现实生活中，也需要有一种放弃的智慧。当你与人发生矛盾或冲突时，只要不是什么原则问题，你完全可以放弃争强好胜的心理，可以先甘拜下风，这样就可能化干戈为玉帛，避免两败俱伤；当你在家庭生活中与亲人发生摩擦时，放弃争执，保持缄默，可以唤起对方的理智，使家庭保持和睦温馨。

得失都是一样，有得就有失，得就是失，失就是得，所以一个人的最高境界，应该是无得无失。但是人们通常都是患得患失、未得患得、既得患失。我们的心，就像钟摆一样，得失、得失，就这么摇摆，非常痛苦。塞翁失马，你怎晓得是福还是祸呢？所以，不要把得与失看得太重。

走出虚荣的死胡同

要想在世上寻找一个毫无虚荣心的人，是很困难的。其实，虚荣不过是人们想借来遮掩不足罢了。

说起来，现实中你也许把非常多的时间用在了努力征得他人的同意上，或者说用在了担心他人不同意你做的那些事情上。如果他人的赞同或同意成了你生命中的“必需”，那么，你又多了一件要干的事。别人拍我们的马屁时，我们都感觉非常好。谁不愿意被人奉承、恭维呢？他人的赞同本身并没有害处，只有刻意去寻求他人的赞许，并把它当成一种必需而非一种渴望的时候才是一种误区，才成为一种爱慕虚荣的表现。

如果你渴望他人的赞许或同意，那么，一旦获得了他人的认可，你就会感到幸福、快乐。但是，如果你陷入这种无法摆脱的虚荣之中，一旦没有得到它，你就会感到身价暴跌。这时候，自暴自弃的因子就会潜入进来。同样，一旦征求他人的同意成了你的一种“必需”，那么，你就把你自己的一大部分交给了外人。在爱慕虚荣心理的驱使下，为得到他人的认可，外人的任何主张你都必须听从，甚至在很小的事情上。如果外人不同意你，你就不敢轻举妄动。在这种情况下，虚荣心使得你选择的是让他人去申诉你的尊严或留给你面子。只有当他们给予你表扬时，你才会感觉良好。

这种征得他人同意的虚荣心极其有害。如果你有这样一种虚荣心，那么，你的人生就注定会有许多痛苦和挫折。而且，你会感到自已的形象是软弱无力的，是没有社会地位的。如果你想获得个人的幸福，你必须将这种征得他人同意的虚荣心从你的生命中根除掉。这种虚荣心是心理上的死胡同，你从中决不可能得到任何好处。

虚荣是一种特性，是取攻势不是取守势的，所以虚荣的人，不但会拿利刃刺自己，而且还会把利刃掉转头，去刺别的人。所以对于虚荣的人来说，他们周围的人便都是他们的仇敌，因此他享受不到生活上互助的快乐。

由于虚荣引发的竞争惨剧，是最不幸最恶劣的事。人们因虚荣的竞争而送掉性命的惨例也有不少，而虚荣的人能够永远维持他的虚荣的例子却屈指可数！凡虚荣的人，总有一天，他会和他的邻人、同事、老婆、儿女，甚至不知虚荣为何物的自然界发生冲突，最后一败涂地。虚荣虽然可以自欺欺人，但它欺骗不了自然。

力不从心时要大胆说“不”

在日常生活中，很多人都有这样的遭遇：有些时候，我们面对别人的要求感到力不从心想拒绝，心里很不乐意帮对方做那些事，但是碍于一时的情面，还是勉强点头答应。虽避免了一时的烦恼，之后却给自己留下长久的不快。

“盛年不重来，一日难再晨。”人生的短暂，超乎你的想象。要想在短暂的一生中，过得开心、快乐、满足，我们必须懂得熟练应用一些生活技巧，除了洗衣、做饭、工作这些基本技能以外，学会如何拒绝也是一门必要的学问。掌握了拒绝的技巧，你就会为自己的生活减少很多不必要的麻烦，相比较于那些不会拒绝的人来说，你会使自己过得更快乐、安稳。所以，精通拒绝的技巧对我们的生活至关重要，不仅有利于提高我们的工作效率，更能提高我们的生活质量。

很多人不敢拒绝对方，都是因为感到不好意思。由于自己的不敢据实言明，致使对方摸不清自己的意思，从而产生许多不必要的误会。如果你语言模糊地应付说“这件事似乎很难做得到吧”，别人就很难听出你语言中拒绝的含义，自然依照自己的意愿来理解你的“言外之意”——你同意。你答应别人的事情，如果没有做好，还会落得个失信于人的下场。

其实拒绝是一件很正常的事，因为别人的很多要求如果我们照着去履行，就会给自己造成难以承受的麻烦。这个时候告诉别人你的难处，这不是在诉苦，而是在陈述事实。如果事情合情合理，说出来才是正确的，如果不说，别人才不会理解呢。

直截了当地告诉对方你不能完成委托的现实原因，明白无误地陈述一些客观情况，包括真实状况不允许、自己能力有限、社会条件限制等。一般来说，列举的这些状况必须是对方也能认同、理解的，只有这样，对方才能理解你的苦衷，自然会放弃说服你，不把你的拒绝当成是无道理的推脱。

有人喜欢你直截了当地告诉他拒绝的理由，有人则需要以含蓄委婉的方法拒绝，各有不同。如果我们面对的是不好正面拒绝的情况，我们就不要继续采取直接拒绝法，而是采取迂回、转移的方法来解决问题。

当对方提出要求时，你暂不给予对方答复，也就是说，当面对力不从心的要求时，虽然你没有当面拒绝，但是你也迟迟没有答应，只是一再表示要研究研究或考虑考虑，那么聪明人马上就能了解你是不太愿意答应的，自然而然危机就解除了。

我们在转移话题、陈述各种理由的时候，最主要的是善于利用语气的转折，但也不致撕破脸。举个现实中的例子：朋友小张因为结婚要向你借钱，但是你最近经济也很紧张，这种情况你直接拒绝的话，会显得过于冷漠。你可以先向对方表示祝贺，继而给予赞美，并对他所面临的情况深表同情，然后再说出理由，加以拒绝。由于先前对方在心理上已因为你的祝贺、理解和同情使两人的距离拉近，所以对于你的拒绝也较能以“可以体会”的态度接受。

总而言之，面对生活中的种种问题，你都要大胆地说出

“不”字，尽管这不是一个容易的课题，但是在你的日常生活中却相当重要。

其实，有能力帮助他人不是一件坏事，当别人拜托你为他分担事情的时候，表示他对你很信任，只是自己由于某些理由无法相助罢了。但无论如何，别急着拒绝对方，仔细听完对方的要求后，如果真的没法帮忙，也别忘了说声“非常抱歉”。

“不好意思”是一种失败的心理习惯

不好意思常常与内向、羞怯和拘谨等词联系在一起，当这些带有消极意味的词语积聚在一起的时候，不好意思的心理就开始发挥作用了。归根到底，不好意思的心理是一种失败的心理状态。若长期被这种心理主导，我们的人生则会处于失败的边缘。

自己本身能力有限，不能做到别人拜托的事，但又不好意思去拒绝。这个时候，你常常会告诉自己：有人求是好事，说明自己还有用；你会告诉自己：这件事儿做完肯定不会有下回了。但是实际上呢？有这一次就一定有下一次。

我们来仔细分析这种心理：不好意思的心理习惯之“路径依赖效应”。

一方面，求你的人往往会抓住你的这种性格弱点，你不懂得拒绝，因而麻烦事一定会越来越多。另一方面，不好意思这种心理暗示，会在你每一次放弃拒绝、选择屈从的时候都得到一次强化，从而形成一种心理惯性，久而久之，让你不知拒绝为何物。所以这其实是一个循环而成的坏习惯。

打个比方，不好意思、不懂拒绝这种心理好比是穿草坪，你每一次放弃拒绝，就是在这片草坪上走了一次。久而久之，在草坪上踏下的印迹就越来越明显，强化到了你每次都会跟随着印迹去决策的地步。但是，要知道，很多次之后，草坪中间就会由于你的踩踏形成一条路。用现代经济学的话语来解释，就是“路径依赖”。

在草坪上没有出现这么一条小路的时候，你可能还会想到其他处理方式，比如思考这个请求自己能否承受，从而理性衡量利益，选择拒绝还是屈从。

在屡次不好意思之后，除了默默接受，几乎想不到别的办法，这就是一种心理上的路径依赖。不好意思就这样成为一种心理习惯。这种路径依赖让你的拒绝神经麻木不仁，让你在听到别人请求之时，越发没法儿开口拒绝。

起初，你不懂得拒绝，或许是因为顾及面子，或者缺乏交际手腕，不知道怎么拒绝。但在形成一定心理习惯之后，几乎就像条件反射似的接受了。你唯一能想到的是抱怨，一方面因为不好意思只能应承下来，另一方面则在心里暗暗地埋怨给你带来烦恼的人。长此以往，你会觉得自己的人格出现了问题，一种内在的人格与表面展现的形象发生分立，表面形象或许是光鲜的、客气的、大方的，但内在人格已经变得阴暗不堪。从这个角度看，不好意思甚至是虚伪产生的原因之一。

第二章

“老好人”是一种病，你的善良也要有点儿锋芒

你的善良成就别人的强硬

人与人之间的机会是平等的，即使竞争也是如此。所以，要想在办公室里和别人一样平等，就不能太过老实，像个软柿子一样，否则，你就会成为别人欺辱的对象。随着社会的发展，办公室竞争日趋激烈，如果你以一个“弱者”的姿态出现在办公室，不但不会引起别人的同情，相反，还会被别有用心人在你头上踩上一脚。所以，请收起你的懦弱，藏起你的老实，勇敢地面对竞争吧！只有竞争，才有进步和发展，才能创造出更好的成果，才能推动社会的进步和发展。

忍让是老实人最大的特点。忍让往往让对方得寸进尺，直到令你忍无可忍。职场如此，人类社会亦如此。忍让不是办法，真正的办公室生存法则是勇敢面对，从每一件小事做起，把握原

则，坚持真理，杜绝歪风邪气，别让对方的无理取闹越演越烈，直到无法收拾的地步。

在办公室里，时常会出现“欺软怕硬”的现象。如果过于老实，你的前程将会出现很大的危机。在上司眼里，一个连自己都保护不好的人，肯定是无法胜任重要职位的。所以，怎样才能不致因老实而成为受人欺负的对象是一门重要的学问。要改变被人欺负的现状，就必须强硬起来，与欺负你的人抗争，除此之外，还可以提高自己的办事能力。这样，那些原来欺负你的人就会有所收敛。

有些人认为“吃亏就是占便宜”，吃点儿小亏没什么，用阿Q精神来安慰自己。但是，在竞争日益激烈的当今职场，这种想法可行不通。你应注意自身修养，要做到守信用，不让个人情绪左右，脚踏实地地工作。进攻才是最好的防守，一味忍让，苦守在自己的城堡里，总有一天会被敌人攻下。唯一的办法是主动出击，保护自己，这样才能做到真正的防守。这样你才会成为上司眼中极具潜力的人，你的前途自然会不可限量。

正直不是一味愚憨

做人固然需要正直，但是如果一味愚憨，不分对象，则一定会吃亏乃至失败。面对品行不端之人，或与品行不端之人打交道，就要灵活应对，不该善良软弱的时候就要先出招，制服对方。

正直的人总是因为做事坦荡而使自己处于明处，要想提防别人的袭击，就必须学会保护自己。

正直不是愚憨，正直的人也不排斥谋略，甚至可以以其人之道还治其人之身。只有采用更高一筹的谋略，正直的人才能避免遭受到伤害。

你可以善良，但千万不要滥用

凡事都往自己身上揽、唯恐得罪人的结果就是不只加重别人的依赖，也加重了自己的负担，弄得自己不堪重负。"人在河边走，哪有不湿鞋"，你不可能在所有的事情上，让所有的人都满意，如果你总是怕对方不满意，谨小慎微地察言观色，揣摩别人的心思，你迟早会把自己折磨死。

而且一旦那些别有用心的人摸透了你想面面俱到的弱点，便会软土深掘，得寸进尺地索求，因为他们知道你不会生气，于是你就变成人人看不起、人人都来捏的软柿子。

"人善被人欺，马善被人骑"，动物世界里的法则是如此，其实对于职场来说，也未尝不是如此，只不过它在职场中不那么明显罢了。

因此，善良不可滥用，在别人触犯了自己的利益时一忍再忍只会助长别人的气焰。

以直报怨，让你的善良长出牙齿

中国儒家思想讲究“恕道”，严于律已，宽以待人，甚至还有“唾面自干”的典故。这些教诲的意思是：当有人损害你的利益时，不要反抗，而应该委曲求全。

从策略上说，无论“逆来顺受”还是“以柔克刚”，也都有其合理性，但问题是逆来顺受之后会怎么样？一个可预见的结果是，一旦知道你会采取这种宽容策略，他们有可能变本加厉，进一步欺负你。

另一个可预见的结果是，对方会从你的“宽容”导致的纵容中得到“鼓励”，去欺负其他人，结果是大家生活在一个不和谐的世界里。

所以，在人际、群际关系乃至国际关系中，唾面自干、逆来顺受的情况不一定是良性的，以德报怨是应该酌情运用的。对恶行的惩罚、对恶人的威慑与对善行的奖励同样重要，甚至更为重要。世界各国都有详细缜密的法律规范本国人民的行为，作为个人，也要勇敢维护自己的权利，来回击恶意的侵犯，这样做不仅是为了自己，更是为了整个社会。

宽容固然可以避免不必要的争斗，但过度宽容就是软弱，它不仅无益，反而有害。只有以直报怨，才是正确之道。

做好人，但不做滥好人

为人不能太善太软，否则会给人以软弱可欺的感觉。人可以温和，可以做好人，但不可以软弱，不可以做滥好人，就如同杯子留有空间就不会因加进其他液体而溢出来，气球留有空间便不会因再灌进一些空气而爆炸，二十几岁的年轻人做人做事给自己留下空间，便不会让自己力不从心。

如果有人得寸进尺地索求，因为他们知道你不会生气，于是你就会变成人人看不起、人人都来捏的软柿子。

人生在世，待人接物，和颜悦色、与人为善没有错，因为大多数情况下，善良的人还是占多数的，大家还是可以和和气气地相处的。然而，工作、生活中也少不了各种各样的矛盾，但矛盾只要不是很尖锐，更多的还是相安无事。所谓凡事好商量，有话好好说，都是人们待人接物中常有的温和态度和常用的退让方法。

但是，这并不是让人在任何时候都采用温和的手段，若你越是好言相劝、苦口婆心地讲道理，他越是不依不饶。在这样的情况下，你就不应该继续当好人了，而是应该采取明确的态度，说明你的原则和立场。

拒绝别人的请求并不是一丢脸的事情

"口是心非"这个成语大家一定都是再熟悉不过了，它的本来意思是说嘴里说得很好，心里想的却是另一套，指一个人心口不一、损人利己，一般都用作贬义词。但在有的场合中，有些人的“口是心非”却是截然相反。

如果我们来细致分析，可以发现“口是心非”有这样三种形式：

一是为自我保护，不想透露自己的想法，害怕别人看穿自己的欲望。

一个人总是有很多的秘密不想告诉任何人，害怕自己的事情被他人知道，于是便产生了自我保护意识，来防止被人看透内心的私欲。

二是为照顾对方，出于善心不说真心话，怕对方为自己费心。

原来可能是出于好意，但往往演变成阻碍坦白沟通，制造更大的、不必要的误会。这种形式多发生在母子或情侣之间。

三是心存介蒂，表面说尽反话，表现友好和善。

甚至为人着想，表示大方不计较，可内里的潜台词却明显相反，心存计算，或对事情对别人早已有负面判断。明明心里不悦，口上却说没事别多心；明明想得到奉承，却说无所谓、不介意。

心里有怨恨却不说，还想表现得很大方很大度，使不满积压在心里，让自己更感到吃亏、愤怒，觉得自己是受害者，做好人没好报，不被重视。这种“伪善”的和平更容易产生积怨，形成自我怜悯、心胸狭窄的“怨妇”心理。

千万别小看这种“口不对心”对心理健康的破坏性，它压抑了人的真实想法、欲望和意愿。因为无法释放自己，造成心理压抑，久郁成疾，累积成怨气、嫉妒、愤怒、抑郁或其他负面情绪。在被揭穿或压抑不住，情绪反弹时，更容易恼羞成怒，失控爆发，歇斯底里。

学会用正确的方式表达自己，是平衡心理的重要一环。真诚、自如地表达自己的人，心境豁达，少有郁结，平易近人。坦诚才是最自由、舒服的表达方式，别让面子把自己变得虚伪和讨厌。

因而，在必要的时候我们一定要学会拒绝。然而拒绝的话却不容易说出口。阻碍我们说“不”的原因，就是因为我们碍于面子，张不开嘴。

如果你认为口头式的拒绝过于直接，那么不妨采用书信来表达，或者提出一些折中的解决方案。最重要的是，能清清楚楚地将不能答应的原因说明，以消除对方可能产生的误解，相信你真诚的态度一定能获得对方的理解。如果对方真的因为你的合理拒绝而暴跳如雷，那这样的朋友留与不留又有什么区别呢？

远离搬弄是非的人

世上从来就不缺乏喜欢搬弄是非的人，当然脾气好的人的身边也不会没有，这些人整天挖空心思打探别人的隐私，喜欢背后说别人的坏话，喜欢无事生非，故意找借口与人争执。

搬弄是非的人常常具有这样的心态：他们处处为自己着想，总是把自己的利益放在第一位，不肯做一点儿牺牲，在这一点上，他与自私自利者相同。然而，搬弄是非的人有非常强烈的狭隘意识，有幸灾乐祸的病态心理，他们常以挑起事端为己任，在别人的分歧之中谋取个人利益。他们往往主观臆断、妄加猜测；他们叽叽喳喳，不负责地传播小道消息；他们幸灾乐祸，干涉别人的隐私。而且在搬弄是非的同时总是嘟嘟囔囔，似乎对什么都不满意，无论大事小事，都是牢骚满腹。

搬弄是非的人最明显的特征就是“油嘴滑舌”，他们表面上很会说话，很会“套近乎”，很通情达理，与一般人接触、交往也很讲感情，在短时间内有比较好的人缘。所以，人们有时会把心里话告诉他，甚至把对第三者的褒贬评价和是非好歹也倾囊吐出，用不了几天时间，此话便被传扬出去，弄得你与其他人的关系越来越紧张。你因一言之失，不止得罪了一两个人，也会使更多的人对你顾忌重重。

这种人不但破坏了彼此之间的团结，伤害了朋友之间的感情，也造成了社会局部的不稳定。如果我们身边有搬弄是非者，我们应怎样与他们相处呢？

首先，保持沉默。

与好搬弄是非的人相处时，涉及他人是非的话不说，关系到自己利害的话不说，不给挑拨离间者留下“做醋”的把柄和作料，让他无处下手才好。如果是工作关系，你可多谈积极的，少谈或不谈消极的，或你与此人也许有工作上的合作关系，这也是很好的话题，谈一谈工作上的进展和工作方法，不牵连任何人际关系。

其次，挺身而出。

背后议论别人，是一种不道德的行为，不能迁就，必须正直地站出来，帮助议论者改正不良习惯。帮助搬弄是非者改正恶习。行之有效的办法是，尊重对方，以朋友式的态度，进行善意的规劝；同时，巧妙地引导对方获得正确地认识人的方法。比如，当对方谈论他人时，可以先顺着对方的话音，谈谈这个人确实存在的缺点，然后再谈他的大量长处，从而形成一个正确的结论。

最后，掉头就走。

如果对方搬弄是非的恶习已成为性格特征，那就干脆不加理睬。“走自己的路，让别人去说吧！”千万不可一听到搬弄是非的话，就立即去找那人对质。这样会使大家都很难堪，解决不了根本问题。更不要一时性急，去找那人“算账”，打起来那就更难堪。这样也会使大家把你和他等同起来，看成没有见识和风度的人。

人生在世，全然不被人议论，是不可能的。君子坦荡荡，小人长戚戚。西方有句格言，一个强者，是为自己的目标而活着；只有弱者，才被周围的是非议论所左右。这句话可以作为大家在与人打交道过程中的信条之一，对那些喜欢搬弄是非的人，一定要远离他们，这样你才能最大限度地远离是非。

第三章

亮出你的铜墙铁壁，别让诡计有可乘之机

经常恭维你的，多数是你的敌人

朋友之间相互欣赏，可能会时不时地说出几句赞美的话，但是那些经常用好听的话恭维你的人，背后往往是一颗不怀善意的心。对此你一定要小心，否则会在不经意之间被其所伤。须知，明辨别人的恭维，才能躲过明枪暗箭的攻击。

每个人都爱听恭维话，这是人的共性，也是人的弱点。听到别人的赞美与恭维，许多人都会沾沾自喜，甚至会飘飘然。然而，许多人只顾得自我陶醉，并没有弄清对方赞美的真正含义。发自内心的真诚赞美是对方对你敬佩之情的自然流露，对此要表示真心的感谢；无关痛痒的客套话可一笑了之；裹着糖衣的不怀好意的恭维，其背后隐藏着不可告人的目的，对此一定要辨识清楚，以免被笑容背后的毒刺所伤。

人贵有自知之明。对于别人的赞美，我们要有清楚的分辨能力，不要为虚伪的客套话所迷惑。当别人赞美自己的时候，切不可只开放自己的耳朵却关上了理智的大脑。别人的恭维只是绽放的焰火，焰火渐渐熄灭的时候，我们的心要归于平静。铸就抵制花言巧语的盾牌，才能不被坏人所利用。

别人的花言巧语和满脸堆笑或许暗藏杀机

生活中有很多时候，并不如看见的那样风平浪静。很多人在表面上微笑和善，但暗地里却在谋划自己的事情。就像《孙子兵法》中写道："信而安之，阴以图之；备而后动，勿使有变。刚中柔外也。"全句意为：表面上要做得使敌人深信不疑，从而使其安下心来、丧失警惕，暗地里我方却另有图谋。要做好充分准备，然后再采取行动，不要使得敌方发生意外的变故。这就是外表上柔和，骨子里却要刚强的谋略。

所以，花言巧语、满脸堆笑地对人，有可能是内藏杀机。说得好听的，唱得好听的，一切都未必出自真心。或许，他们正在计划怎样害你。外表看来显得很温和谦恭，面带微笑，很是大度；但实际上并非如此，其中有气量狭小的，有喜欢猜忌的，有阴险狠毒的。总之，有些人利用此计，目的是想让对手服从自己，在自己设计好的圈套里行事，以此达到自己真正企图和目的。

反常的举动背后必有不可告人的意图

不合理的批评往往是掩饰了的赞美。只有一事无成的小人物，才不会引起别人的注意，更不会遭到严厉的批评。别人的恶意批评意味着你已经有所成就，而且值得别人注意了，因为“没有人会踢一只死狗”。

只要你超群脱众，就一定会受批评。不要恼怒于别人的言语冒犯或恶意批评，这意味着你已经有所成就，有的人只不过想通过指责你来得到满足感。收起你遮挡批评的伞吧，让批评的雨水从你的身上流下去，而不是滴在你脖子里。也许，但丁的那句名言最能代表明智的做法：“走自己的路，让别人去说吧！”

免费的午餐里大多有“毒药”

世上没有免费的午餐，也没有白来的利益。任何抱着不劳而获、侥幸心理的人，都会被空幻的利益牵着鼻子走，最终陷入别人挖好的陷阱。

我们应该在诱人的利益面前，低声问问自己：“这种好事怎么会落在我头上？”多一分小心谨慎，才能少一些危险和磨难。

凡事有利必有害，而“免费的午餐”背后更可能隐藏着大害。从古至今，只有能明是非、辨利害的人，才能不身受其害。

听到“一见如故”，就要提高警惕保持距离

一见如故固然是幸运的，但是有的时候也是不幸的开始。

“一见如故”是很多初见面的人习惯使用的一句话，意思是：虽然是初见面，可是彼此的感觉就好像已经认识很久了那般。

能碰到一见如故的人是人生中的一种幸运，因为彼此可以少掉“试探”这个过程，而直接进到“交心”的层次。一见如故固然是幸运，但有时却也是不幸的开始。

人会呈现他的多面性。在不同的时空，善与恶会因不同的刺激而以不同的面貌出现。也就是说，本性属“恶”的人，在某些状况之下也会出现“善”的一面；本性属“善”的人，也会因为某些状况的引动、催化而出现“恶”的作为。而何时何地出现“善”与“恶”，甚至人自己也无法预测及掌握。例如，一辈子循规蹈矩的正人君子有可能因为一时缺钱而忽然浮现恶念，这是他过去所无法想象的事，但就是发生了，连他自己都感到不解。

因此，当一个人和你初见面，并且热情地说和你“一见如故”时，你可以不必拒绝他的热情，甚至也可回他一句“一见如故”！但你一定要理性地看待这句话，思索这句话的真正意义。因为这可能纯粹是一句客套话，也有可能是一颗裹上糖衣的毒药——他是要用温情来拉近和你的距离，好从你的身上获得某些利益。如果这是一句客套话，你的热切响应不但无法对对方产生

效用，自己也会因为对方随之而来的冷淡而受伤；还有可能暴露了自己，反给有心人以可乘之机；而最有可能的是，你把对方吓跑了！如果对方真的另有所图，你的热切响应，正是自投罗网，结果也就不用多说了。

因此，当你听到“一见如故”这句话时，你应该：

——想想自己有没有因为这句话而兴奋、感动？如果有，那么就赶快浇熄、扑灭这些兴奋和感动，以免自作多情或自投罗网。

——如果对方的“一见如故”还有后续动作，你应该与之保持一种善意的距离。保持距离的目的是检验对方用心的真伪，以免自己受伤。

——如果对方和你彼此都“一见如故”，这是最危险的状况。你应该立刻向后退，以免引火自焚，或因太过接近而彼此伤害，葬送有可能好好发展的友情。如果“一见如故”只是对方一厢情愿，“话不投机半句多”，就不必花心思在这上面了！

当然，如果双方“一见如故”，也都理智地“各取所需”，那就另当别论了！

不过，有些人不说“一见如故”，却直接用行动表示，这种人你也应该和他保持距离。

你最应该提防的是，一见如故中，有心者常会掺杂很多奉承的语言，这很容易迷乱一个人的判断，也让人最难抗拒！因此，当听到这类话语时，你就要提高警觉了！

越是“美丽”的东西越要防范

越是美丽的东西越能让人疏于防范，其实看似鲜艳美丽的东西往往是最危险的，就像玫瑰一样，鲜艳玫瑰刺更多；就像毒蘑菇一样，越是色彩耀眼越是有毒。当你被它美丽的外表所迷惑时，它早已在暗中为你准备好了尖刺。

在生活中我们看待事物也一定要记住这点，有可能别人的称赞和讨好越是美妙动听，其后掩藏的蓄谋就越不可告人，越对你有杀伤力。此时你稍有不慎，就会得意忘忧，为之蒙蔽，后果不堪设想。

喜爱美丽、向往浮华是人的本性，好听赞美、喜闻荣耀也是人普遍的喜好。但人在鲜艳夺目、外表美丽的事物面前，很容易被迷惑住，因而丧失防备，一旦它露出暗藏的毒刺，那么人注定要被伤害。因此，在任何时候都要保持警惕之心。

事实上，愈复杂的环境，当然就愈是钩心斗角的沃土。任何有关争斗的明枪暗箭，都是令人讨厌又难缠的事情。何况任何人都不可能武功盖世、刀枪不入。所以，知道自己身在何处，以及真正地了解自我，看清那些他人强加的虚有的荣耀，应该是保护自我的最佳防弹衣。种种无中生有的把戏、杀人不见血的手段，都寄生在明枪暗箭当中蓄势待发，所以，我们更要在生活中时刻保持清醒的头脑，不要被美妙的假象迷了眼。

越是“热心”，越要防范

虎，乃山中之王，是肉食动物，当然也会吃人，可怕！可是比山中老虎更可怕的却是活生生地穿梭在人群之中的笑面虎。笑面虎，当面笑嘻嘻，对你热心备至，但背后落巨石，口蜜腹剑，两面三刀，阴险奸诈，吃肉不吐骨头，哄得别人团团转，给别人下毒药，别人还以为是蜜糖而感激涕零！

口蜜感人，这是那笑面虎在人面前惯用的招数。腹剑伤人，这是那笑面虎在人后面惯用的伎俩。

现实生活中就有许多这样的人，当面一套，对你极尽奉承热情；背后一套，挑拨离间，无事生非。当然，那些人之所以会选择“两面三刀”的活法，自然是有自己的目的，或为色或为利或为权。从古到今，权力始终是人们追逐的目标。这个有着无穷魅力的东西，吸引着很多人的目光。但追求的方式却有所不同：有人是赤裸裸地无所顾忌，有人是犹抱琵琶半遮面的羞答答，有人是吃不着葡萄说其酸——真给了他，立刻可以飞上了天。清高如李白者，创作了千古流传的佳句：“安能摧眉折腰事权贵，使我不得开心颜。”但据后人考证其真实心境，却是不能攀上权贵而发牢骚罢了。

“笑面虎”在追逐权力的路途中，笑脸对待眼前的所有人，然而转过身去，就可能对刚刚笑对的人大骂几句，或者是一旦权力到手，就会对以前的所谓“故人”“恩人”等“严肃”对待。看清了、看透了这些笑脸表象之下的丑恶，我们就应该对那些皮笑肉不笑的人有一定的提防之心，越是热心相待，越是要提防他们的阴谋，不能被眼前看到的所蒙蔽。最好能够做到以旁观者的身份坐看那些可笑的表演。

记住，在你相信一个人之前，要学会对他进行全面的观察和考验，不要一味地做出“看他那样面善，看他那样热心，一定是个好人”的评判。很多人都有私心，你无法阻止他们可能用假意的热心来欺骗你的善心，否则吃亏受骗的必然是你自己。

用理智避开机遇中的陷阱

商场，表面上看风平浪静，实际上，暗自波涛汹涌。很多看不见的机关、陷阱都敞开着口，笑着等你进去。我们会面临很多现实诱惑，在极度膨胀中，飘飘然起来，失去理智，丧失分析问题的理性和谨慎，在盲目中跌入别人预先设置好的陷阱中。

我们经验不足，履历单薄，难免在创业道路上摔跟头。跌倒是难免的，但是避免跌倒也是可能的。面对一些我们不曾遇到的困难，不能确定的东西，千万不要想当然地贸贸然就草率下定论。因为机会和陷阱只是一念之差，前途却大不一样。草率只会让自己轻易地跌进别人早就布置好的陷阱中。

谁都想抓住现有的机会，一举成功。但是世上没有“天上掉馅饼”的好事，太过于顺利的事情，千万不要轻易相信，因为隐藏在机会后面的很有可能就是陷阱。如果我们过于自信，变得自负，让“一定会成功”的心理定式左右我们的判断，混淆我们的视听，或者听不进不同的意见或反面意见，结果只会让自己在扬扬得意中掉进别人早给你挖好的“陷阱”里。

学会对朋友义气说“不”

卡耐基曾经说过：“和别人相处要学的第一件事，就是对于他们寻求快乐的特别方式不要加以干涉，如果这些方式并没有强烈地妨碍我们的话。”

的确，朋友之间，难免相互帮忙，也正因为如此，我们之间的联系才会更加紧密。但是，这种帮忙总是要在合理的道德范围内，如果朋友相托相求的事情常常超出原则范围和客观事实，甚至超过你的主观承受能力，违背你的主观意愿时，你不能因为所谓的“哥们义气”违心帮助他人，而是要斩钉截铁地拒绝。否则，不仅会害了自己，还会连累亲人。

发现违法犯罪行为，应该敢于说“不”，并向公安机关报警，因为大是大非的问题已经超过了我们的那点友谊。当然，如果是一般朋友向我们提出不合自己的心意的要求，我们拒绝对方不是一件难事。但是，当关系很密切的好朋友向你提出过分的要求，而你又无法满足对方时，你就会感到左右为难，处在一个进退维谷的尴尬境地。这时候，你需要对“症”拒绝，情况不同，方法也就不同。

做不到的事情干脆拒绝，当然拒绝也要讲究策略，不要态度生硬。在我们拒绝朋友的时候，陈述的依据一定不能是随意、敷衍的，那样的话朋友就会觉得你关键时刻不帮忙，对你产生抱怨和不信任之感。

我们可以耐心劝阻，言明利害关系，可以据实说明情况，使朋友了解你的难处，也可以迂回婉转处置，巧借其他方法帮助完成朋友委托之事。好朋友的交情不是一朝一夕所能建立的，它需要双方长期的理解、宽容、互助来共同维系，我们要珍惜它、爱护它。

而当朋友的请求严重违反原则或直接损害公众利益的要求时，我们必须严肃地拒绝。用一个否定词“不”，严词回绝，固然也能表明态度；但是，在特殊的场合，这样拒绝显然会弄僵氛围，远不如采用似是而非的话，避实就虚地答复效果理想。因为害怕失去与同学、朋友之间的良好关系，虽然表面上我们是答应了他们的要求，可是实际上，在他们的内心会积累许多的怨气，而怨气的积累会让他们自己痛苦，带来很多负面的影响，使他们在人际交往中紧张、焦虑和恐惧。

真正的朋友是不会因为你拒绝了他而和你变得疏远的，你也可以通过这样的方式来看清一个人。我们也要知道拒绝是一门艺术，也是一种自我保护的方法。学会拒绝，既可以保证自己的身心健康，又可以帮助自己加强同周围同学、朋友、亲人的团结。但是，学会拒绝不是说要拒绝所有，人是社会性的，生存在这个社会中，大家要互相帮助。乐于助人是一种美德，它与学会拒绝并不矛盾，相信大家一定会处理好这些关系，掌握拒绝的艺术。

第四章

我的人生需要指点，但拒绝指指点点

永远不要失去自我

人生总是会遇到不顺的情况，很多人处于不利的困境时总期待借助别人的力量改变现状，殊不知，在这个世界上，最应该依靠的人不是别人，而是你自己。为何总想着依赖别人，而不是依赖自己呢？

人要勇敢地做自己的上帝，因为真正能够主宰自己命运的人就是自己，当你相信自己的力量之后，你的脚步就会变得轻快，你就会离成功越来越近。

从21世纪的竞争来看，社会对人才的要求是很高的，除了具备良好的身体素质和智力水平，还必须具备生存意识、竞争意识、科技意识以及创新意识。这就要求我们从现在开始注重对自己各方面能力的培养，只有使自己成为一个全面的、高素质的人，才能在未来的竞争中站稳脚跟，取得成功。

人若失去自我，是一种不幸；人若失去自主，则是人生最大的缺憾。赤橙黄绿青蓝紫，每个人都应该有自己的一片天地和特有的亮丽色彩。你应该大方地向世人展示你的能力、你的风采、你的气度、你的才智。在生活的道路上，必须自己做选择，不要总是踩着别人的脚印走，不要做一个被摆布的人，而要勇敢地驾驭自己的命运，调控自己的情感，做自己的主宰，做命运的主人。

善于驾驭自我命运的人，是最幸福的人。只有摆脱了依赖，抛弃了拐杖，具有自信、能够自主的人，才能走向成功。自立自强是走入社会的第一步，是打开成功之门的钥匙，也是纵横职场的法宝。在职场中，上司不喜欢唯唯诺诺的下属，领导不喜欢没有自我、没有主见的员工，相信自己吧，你就是最棒的！

你是谁由你自己决定

每个人都有自己的生活方式，而决定你成为什么样的人的永远只有你自己，一旦人生轨迹被别人所左右，你将被这个世界真正遗弃。

每一个人，都有一些属于自己的“沉香”。但有的人不懂得它的珍贵，反而对别人手中的木炭羡慕不已，最终只能让世俗的尘埃蒙蔽了自己的双眼。

世界上充满了来自外界的“应该”的命令。社会、家庭和单位让你产生各种各样的“你应该是谁”和“你应该怎样做”的想法。但你身边没有一个人能明确地知道你的未来。他们给你的建议有的和你想法一致，但大多数却不能。许多人退回到外部声音所指示的看上去安全的路线上去。

很多时候我们总会陷入别人对我们的评论之中，别人的语气、眼神、手势等，总是会不经意搅乱我们的心，消灭了我们往前迈步的勇气，甚至使我们整天沉迷在白云般的愁烦中不得解脱，白白丧失了做个自由快乐的人的权利。每个人都有自己的生活方式，如果你不能为自己做主，那么你注定要被社会淘汰。

别太在意别人的眼光，那会抹杀你的光彩

在这个世界上，没有任何一个人可以让所有人都满意。跟着他人的眼光来去的人，会逐渐迷失自我。生活在别人的眼光里，就会找不到自己的路。

其实，每个人的眼光都不同。面对不同的几何图形，有人看出了圆的光滑无棱，有人看出了三角形的直线组成，有人看出了半圆的方圆兼济，有人看出了不对称图形特有的美……同是一个甜麦圈，悲观者看见一个空洞，乐观者却品尝到它的味道。同是交战赤壁，苏轼高歌“雄姿英发，羽扇纶巾，谈笑间樯橹灰飞烟灭”；杜牧却低吟“东风不与周郎便，铜雀春深锁二乔”。同是“谁解其中味”的《红楼梦》，有人听到了封建制度的丧钟，有

人看见了宝黛的深情，有人悟到了曹雪芹的用心良苦，也有人只津津乐道于故事本身……

人生是一个多棱镜，总是以它变幻莫测的每一面反照生活中的每--个人。不必介意流言蜚语，不必担心偏差，坚信自己的眼睛、坚信自己的判断、执着自我的感悟，用敏锐的视线去审视这个世界，用心去聆听、抚摸这个多彩的人生，给自己一个富有个性的回答。

自己的人生无须浪费在别人的标准中

童话里的红舞鞋，漂亮、妖艳而充满诱惑，一旦穿上，便再也脱不下来。我们疯狂地转动舞步，一刻也停不下来，尽管内心充满疲惫和厌倦，脸上还得挂着幸福的微笑。当我们在众人的喝彩声中终于以一个优美的姿势为人生画上句号时，才发觉这一路的风光和掌声，带来的竟然只是说不出的空虚和疲惫。

人生来时双手空空，却要让其双拳紧握；而等到人死去时，却要让其双手摊开，偏不让其带走财富和名声……明白了这个道理，人就会对许多东西看淡。幸福的生活完全取决于自己内心的简约，而不在于你拥有多少外在的财富。

如果不管自己究竟幸福不幸福，常常为了让别人觉得很幸福就很满足，人就会忽视了自己内心真正想要的是什么，常常被外在的事情所左右。别人的生活实际上与你无关，不论别人幸福与否都与你无关，而你却将自己的幸福建立在与别人比较的基础之上，或者建立在了别人的眼光中。幸福不是别人说出来的，而是自己感受的，人活着不是为别人，更多的是为自己而活。

一个人活在别人的标准和眼光之中是一种痛苦，更是一种悲哀。人生本就短暂，真正属于自己的快乐更是不多，为什么不能为了自己真真实实地活一次？为什么不能让自己的生活脱离总是以别人为参照系？如果我们把追求外在的成功或者过得比别人好作为人生的终极目标，就会陷入物质欲望为我们设下的圈套而不能自拔。

你不可能让每个人都满意

世界一样，但人的眼光各有不同，做人不必去花大量的心思去让每个人都满意，因为这个要求基本上是不可能达到的。如果一味地追求别人满意，不仅自己累心，还会在生活和工作中失去了自己！

生活中我们常常因为别人的不满意而烦恼不已，我们费尽了心思去让更多的人对自己满意，我们小心翼翼地生活，所以我们为此伤神。很多时候，我们忙活工作或者生活其实花不了太多的时间，而只是我们将大量的时间都花在了处理如何达到别人满意的这些事情上，所以身体累，心也累。

谁都希望自己在这个社会做事面面俱到，但我们不可能让每一个人满意，不可能让每一个人都对我们展露笑容。通常的情况是，你以为自己照顾到了每一个人的感受，可还是有人对你不满，甚至根本不领情。每个人的习惯是不一致的，每个人的立场、每个人的主观感受是不同的，所以我们想面面俱到，不得罪任何人，又想服务好每一个人，那是绝对不可能的！

做人无须在意太多，不必去迎合所有人的喜好。凡事只要尽心，按照事情本来的面目去做就好，简简单单地过好自己的生活就行。

不去和谁比较，只需做好自己

古语说：“以铜为镜，可以正衣冠；以人为镜，可以明得失。”意思是说，每个人都是一面镜子，我们可以从别人身上发现自己，认识自己。然而，如果一个人总是拿别人来和自己比较，那么那个真实的自我就会逐渐迷失，这个人也难以发现自己的独特之处。

每个人都有自己的生活方式与态度，都有自己的评价标准，你可以参照别人的方式、方法、态度来确定自己采取的行动，但千万不能失去自我。

有的人总喜欢评判一个人的外形，却不重视其内在。要想成为一个独立的个体，就要坚强到能承受批评。拒绝改变并没有错，但是拒绝与大众一致却要走一条漫长的路。

不要太在意别人对你的看法

许多时候，我们太在意别人的感觉，因而在一片迷茫之中迷失自己。

随意地活着，你不一定很平凡；但刻意地活着，你一定会很痛苦，其实人活着的目的只有一个，那就是不辜负自己。

别人的眼光和议论，你不必太在意，我们又何必太在意那些我们生命以外的东西呢？我们所应牢牢把握的只是生命本身，如果我们一直活在别人的评价里，那么属于我们自己的生命还有多少呢？

有位名人曾经说过：“生命短促，没有时间可以浪费，一切随心才是应该努力去追求的，别人如何议论和看待我，便是那么无足轻重了。”

真正能够沉淀下来的，总是有分量的；浮在水面上的，毕竟是轻小的东西。让我们在属于自己的人生道路上昂首挺胸地一步步走过，只要认为自己做得对，做得问心无愧，不必在意别人的看法，不必去理会别人如何议论自己，把信心留给自己，做生活的强者，永远向着自己追求的目标，执着地走自己的路就对了！

不要过分在意别人的想法。当你过分在意别人的想法时，你小心翼翼地想取悦别人时，就会有过度的否定反馈、压抑以及不良的表现。最重要的是，你对别人的看法不必太在意。

把眼光盯住别人不放，以别人的方向为方向，总难超越别人。要想有成就，你得自己开路，而你所开的路是你自己的理想、见解与方式，所以是你所独有的。老子认为：“夫唯不争，故天下莫能与之争。”

追随你的热情，追随你的心灵，唱出自己的声音，世界因你而精彩。

先爱自己，再爱别人

爱，首先从自己开始，只有学会爱自己，才能学会爱他人、爱世界。爱自己不是一种自私行为，我们这里所说的爱并不是虚荣、贪婪、傲慢、自命不凡，而是一种善待自己，对自己无条件接受的行为。

如果你能够认识到自己是一个有自尊心的综合体，如果你能够注意养生，保持自己的身心健康，那你就已经开始学会爱自己了。

我们应该懂得，我们有足够的理由爱自己：一是只有自己才是属于自己的；二是只有热爱自己，才能热爱他人，热爱世界。

我们没有蓝天的深邃，但可以有白云的飘逸；我们没有大海的辽阔，但可以有小溪的清澈；我们没有太阳的光耀，但可以有星星的闪烁；我们没有苍鹰的高翔，但可以有小鸟的低飞。每个人都有自己的位置，每个人都能找到自己的位置。我们应该相信：正因为有了千千万万个“我”，世界才变得丰富多彩，生活才变得美好无比。

认认真真爱自己一回吧——这一回是一百年。

著名心理学家雅力逊指出，人要先爱自己才懂得去爱别人。因为只有视自己为有价值、有清晰的自我形象的人，才能够有安全感、有胆量去爱别人。

爱自己，或称自爱，是与自私、以自我为中心不同的一种状态。自私、以自我为中心是一切以私利为重，不但不替别人着想，更可能无视他人利益，为求达到目的不择手段。爱自己，就要会照顾和保护自己、喜欢自己、欣赏自己的长处，同时也要接受自己的短处，从而努力完善自己。

在这种心态之下，我们会学会不少自处之道，更可活学活用于人际关系之中。在接受自己之后，便开始会有容人的雅量；在懂得欣赏自己之后，便会明白如何欣赏别人；在掌握保护自己的方法之后，亦会悟出“防人之心不可无，害人之心不可有”的道理。

一个不爱自己的人，是不会明白如何爱别人以及接纳别人的。因此，一切均得由爱自己开始。心理学家伯纳德博士说：“不爱自己的人会崇拜别人，但因为崇拜，会使别人看起来更加伟大而自己则更加渺小。他们羡慕别人，这种羡慕出自内心的不安全感——一种需要被填满的感觉。可是，这种人不会爱别人，因为爱别人就要肯定别人的存在与成长，他们自己都没有的东西，当然也不可能给予别人。”

每个人都有缺点，要想与人建立良好的人际关系，首先要学会接受并不完美的自己。谁都不可能十全十美，所以我们必须正视自己、接受自己、肯定自己、欣赏自己。

一个人如果不爱自己，当别人对他表示友善时，他会认为对方必定是有求于自己，或是对方一定也不怎么样，才会想要和自己为伍。这种人会不断地批评自己，从而使别人感到他有问题而尽量避开他；这种人害怕别人越是了解自己就会越不喜欢自己，所以在别人还没有拒绝之前，其下意识就会先破坏别人对自己的好感。总之，不爱自己会导致各种问题的发生。当一个人觉得自己很差劲时，周围的人也会跟着遭殃。

因此，在开始爱别人之前，必须先爱自己。世界就像一面镜子，人与人之间的问题大多是我们与自己之间问题的折射。因此，我们不需要去努力改变别人，只要适当转变一下自己的思想，人际关系就会有所改善。

你就是你，没有人可以取代

有人认为，这个世界上，少了自己就如同少了一只蚂蚁，没有分量的自己，又有什么重要？但是，作为独一无二的“我”，真的不重要吗？不，绝不是这样，“我”很重要。

当我们对自己说出“我很重要”这句话的时候，“我”的心灵一下子充盈了。是的，“我”很重要。

只要计算一下我们一生吃进去多少谷物，饮下了多少清水，才凝聚成这么一具健康的躯体，我们一定会为那数字的庞大而惊讶。世界付出了这么多才塑造了这么一个“我”，难道“我”不重要吗？

你所做的事，别人不一定做得来；而且，你之所以为你，必定是有一些相当特殊的地方——我们姑且称之为特质吧！而这些特质又是别人无法模仿的。

既然别人无法完全模仿你，也不一定做得来你能做得了的事，试想，他们怎么可能给你更好的意见？他们又怎能取代你的位置，来替你做些什么呢？所以，这时你不相信自己，又有谁可以相信？

况且，每个人都是与众不同的个体，所以每个人都会以独特的方式来与他人互动，进而感动别人。要是你不相信的话，不妨想想：有谁的基因会和你完全相同？有谁的个性会和你一毫不差？

由此，我们相信：你有权活在这世上，而你存在于这世上的目的，是别人无法取代的。

记住！你有权利去相信自己很重要。

“我很重要。没有人能替代我，就像我不能替代别人。我很重要。”

生活就是这样的，无论是有意还是无意，我们都要对自己有信心。不要总是拿自己的短处去对比人家的长处，忽视了自己也有人所不及的地方。自卑是心灵的腐蚀剂，自信却是心灵的发电机。所以我们无论身处何境，都不要让自卑的冰雪侵占心灵，而应燃烧自信的火炬，始终相信自己是最优秀的，这样才能调动生命的潜能，去创造无限美好的生活。

也许我们的地位卑微，也许我们的身份渺小，但这并不意味着我们不重要。重要并不是伟大的同义词，它是心灵对生命的允诺。人们常常从成就事业的角度，断定自己是否重要。但这并不应该成为标准，只要我们在时刻努力着，为光明在奋斗着，我们就是无比重要地存在着，不可替代地存在着。

让我们昂起头，对着我们这颗美丽的星球上无数的生命，响亮地宣布：我很重要。

面对这么重要的自己，我们有什么理由不去爱自己呢！

向干涉自己生活方式的人说“不”

很多人都有这样的经历：从小到大什么都是父母安排，什么事都要完全按照父母的意愿去做。我们不想让父母伤心，可是又不愿意听从他们的安排做自己不喜欢的事情，谈判也没用，争吵也没用，似乎就得一方迁就一方，一方用自己的牺牲来屈就另--方。

应该要怎样，才能摆脱父母过分的控制欲呢？对于每个父母来说，干涉的产生，往往是因为太强烈的爱，希望能够把自己最好的经验总结给孩子，这样孩子就不会走弯路，也不会受到伤害。然而，孩子们自己去发现、探索才是成熟的最直接方式。因为如果想要真正成熟起来，我们必须经历伤痛，并培养出从伤痛中走出来的能力，这样才可以看见雨后的彩虹，领悟人生的真味。而永远不受伤害是几乎不可能的，这样的人只能永远是一个婴孩。

当亲人过分干涉我们的生活和选择的时候，陷入争论是无效的，最好的方式是自己用实际行动去努力和争取，做出成绩和结果来，等到那一天，家人的态度自然会转变。所以，一切只能靠自己的实力来证明，只有自身强大了，说话才会有分量，这在很多地方都是通用的。

遵从自己内心的感受，才能活得自在、惬意一些。我们每个人都有自己独一无二的阅历，这就造就了独一无二的我们。但是我们并不能因此想当然地以为自己对这个世界的理解才是正确的。我们每个人因为从小的生活环境不同、周围的人不同，以及成长过程中各种因素的作用，会形成独特的生活方式和观念，或多或少大家可能有相似之处，但是不同的地方不要妄想对方完全地去适应你、为你改变。比如一起生活的夫妻，一个人的生活方式是下班以后出去逛街、唱歌、和朋友聚聚，而另一个人的生活方式是下班直接回家做饭，这就是不同。

我们不能期望和要求别人都像知己一样来了解和理解我们，但我们更应该拒绝那些借各种理由在我们波澜不惊的日子里无事生非，打着关心我们、爱我们的幌子来带给我们诸多不快和困扰的人。

别人有提建议的权利，我们自己却掌握着做决定的权利。我们不能堵住别人的嘴，却可以掌控自己的脑和心。

他人只是看客，不要把命运寄托于人

“要做自己生命的主人”“要自己掌握自己的命运”，其中的道理每个人都知道，但实际上，很多人却并没有真做到。想一想，你有没有经历过下面的场景：你刚刚毕业，还没有找到工作，突然一个熟人很热情地给你介绍了一个工作，虽然这个工作并不符合你的专业方向，薪酬也并不合适，但因为不好意思推辞，就接受了。结果这个工作果然非常糟糕，最终你忍无可忍辞了职。虽然这个工作浪费了你大量的精力和时间，但你却没人可埋怨，他人并不对你的人生负有责任，谁让你当初不好意思拒绝呢？

我们习惯说“习惯决定性格，性格决定命运”，这句话有一定的道理。我们的人生之路看似很多，但其实只有一条，除了现在的选择，你没法做别的选择。即使你做了一个很后悔的错事，但如果让你再重来一遍，我相信你还是会走到现在的位置上来。就像上学的时候做的考试题，我们总是在一个地方犯错误，因为“你”没有变，除非有一个很深的记忆让你改变了自己的思维，否则你永远会顺着原路一直走，这就是性格决定命运的原因。

一个印第安长老曾经说过一段话，“你靠什么谋生，我不感兴趣。我想知道你渴望什么，你是不是能跟痛苦共处，而不想去隐藏它、消除它、整修它；你是不是能从生命的所在找到你的源头；我也想要知道你是不是能跟失败共存；我还想要知道，当所有的一切都消逝时，是什么在你的内心支撑着你；我想要知道你是不是能跟你自己单独相处，你是不是真的喜欢做自己的伴侣，在空虚的时刻里。”自己就是自己最大的财富，不要怪别人没有给你机会，每个人的机会全部都是自己给的。

有人总喜欢将自己的命运依附在其他人的身上，想靠别人的力量将自己拉出苦海，结果却往往事与愿违。因为不管是谁，都无法了解你的全部感觉，即使他们为你提供的机会，也未必是你想要的。

有些人非常善于为自己的失败找各种各样的理由，来解释为什么没有达到想要的目标。如果没完成，他们会说“这个事情没那么简单，谁来做都不可能在这么短的时间内完成。”如果有人完成了，他们也会说：“那只是他们运气好罢了。”他们习惯了为自己找借口。

如果你发觉自己经常因为做事延误而找借口，那么，你应该主动改掉身上这种坏毛病，好好检讨一下自己，别再拿那些借口为自己开脱。在没找到其他的办法之前，最好的办法就是立即行动起来，赶紧做你该做的事情。

时间是水，你就是水上的船，你怎样对待时间，时间就怎样沉浮你。将今天该做的事拖延到明天，即使到了明天也无法做好。做任何事情，应该当天的事情当日做完，如果不养成这种工作态度，你将与成功无缘。所以，正确的做事心态应该是：把握今天，展望明天，从我做起，从现在做起。谁也没有拯救你的权利和义务，不要将命运交托在其他人的手中。

也许你每天有很多期望，想做这件事，又想做那件事，比如你想和家人共度一个周末，又想构思下个季度的工作计划。或者你想好好地放松一下，好好地独处，又想参加朋友的聚会，沟通人际关系。结果，因为选择困难，什么也没有去做。

每一件事你只是在想，没有去行动落实，结果，一拖再拖，所有想做的事情都延误了。为什么会这样？因为你没有养成从现在做起的习惯，你是一位伟大的空想家，不是行动家。真正做事的人就像比尔·盖茨说的那样：想做的事情，立刻去做！当“立刻去做”从潜意识中浮现时，就应该立即付诸行动。

就像你给朋友回信，如果某封信需要回复，在你看完信之后应该马上动手写回信。如果延误，过了几天，可能需要回的信件不止一封，而且，当你决定回信时，你得一封一封重读一次，然后再写回信。你看这样多费心，浪费多少时间，如果你当时读完立即回信，就省了好多事，这就是立即行动与延误的最大差别。

庄子在《逍遥游》中说过，人要无所待，才能达到真正自由的境界，如果要依靠外力，就永远达不到真正的逍遥。有的事，如果你不做，没有人可以替你做，你的命运，如果你不想改变，没有人可以替你改变。如果你不想在此时付出努力，一味地跟从别人，或者不好意思拒绝别人的期望，就必然会在以后的某一时刻，付出更大的代价。

在主动中体现你的价值

在西方国家，有句谚语说："你看见主动自觉的人了吗？他必定站在君王的身边。"的确，主动的人更可能得到赏识，自觉是他通向成功的通行证。当主动成为一种习惯时，我们就能从中学到更多的知识，积累更多的经验，就能从全身心投入工作的过程中找到快乐。让主动成为习惯，你将因此受益无穷。

如果你想登上成功之梯的最高阶，就要永远保持主动。即使你面对的是毫无挑战和毫无生趣的工作，如果你能够做到自动自发，终能获得回报。

自动自发是在没有人要求你的情况下，你还能自觉而且出色地做好自己的事情。

成功的人很明白，任何事情只有自己主动争取，并且要为自己的行为负责才能圆满完成。没有人能保证你成功，只有你自己。

我们经常看到那些成功大师的侃侃而谈，却常常忽视他们默默无闻的“耕耘”。其实成功是一种努力的累积，不论何种行业，要想攀上顶峰，通常都需要漫长时间的努力和精心的规划。

因此，许多公司都有意识地把自己的员工培养成对待工作能够自动自发的人。工作自动自发的员工，会勇于负责，有独立思考的能力。他们不会像机器一样，按照别人的吩咐去机械地完成工作，他们往往能够发挥创意，出色地完成任务。而没有自动自发意识的员工，则墨守成规，裹足不前，凡事只求符合于公司的规则。他们会告诉自己，老板没有让我做的事，我又何必插手呢，又没有额外的奖励！显然这两种截然不同的想法会导致不同的工作表现和工作结果。

那些整天抱怨工作的人是不可能积极主动的。一个主动工作的员工，对于工作的责任和意义有深刻的理解，并随时准备展示自己的全部才华，因此，他们总能够从工作中得到更多的回报。

成功的机会是不会白白降临的，只有积极主动工作的员工才有获得更多好机会的可能。如果你总是在只有老板注意时才有好的表现，那么你永远也无法达到你想要的成功。如果你能够做到的比老板期望的还要多，那么你就永远不用担心会没有机会。

每个老板都喜欢积极主动、善解人意的员工，每个人也都愿意和这种人共事。如果你总能保持主动率先的工作精神，比自己分内的多做一点儿，比别人期待的多服务一点儿，你就可以吸引老板的注意，得到加薪和升迁的机会。

如果一个人只是尽本分，或者唯唯诺诺，对公司的发展前景漠不关心，他就无法获得额外的报酬，也无法得到事业的提升。

只有养成了自动自发的工作习惯，才能掌握个人进取的精义。那些以无比的热情看待自己工作和事业的人，总能发掘出无穷的机会。相反，那些被动的人，只能永远等着别人给他安排任务，而且还要推脱搪塞，在这同时，他也推掉了属于自己的机会。

有成功潜质的人，总是能够比别人多付出一些，自动自发地为自己争取最大的进步与利益。

举手投足间展现你的强势

很多的时候，我们获得对别人的第一印象不是通过言语，而是以表取人。这里的“表”指的是别人在无声无息中向你发送出的一些个人信息。比如他的表情、手势、站姿、步伐，等等。很多时候，与口头语言比起来，这些“肢体语言”更能给人深刻的印象，让人看出从语言中无法看出的内容。

成功的人都非常善于控制自己的肢体语言，在人前，这些成功者的一颦一笑都流露出和普通人不一样的风采，让人一看就生敬意。无论是他们的笑还是谈，我们都能从中读出大气与淡定。当然，在现实中也有很多人刻意释放比实际身份更强大的信号，提升自己的形象，这虽具有一定的迷惑性，但也不失是一种提高身价的方法。

眼睛是一个人心灵的窗户，同样，在所有的神态举止中，眼神有着最强大的力量。一个人如果斜视或者用余光扫视别人，这表明他有轻蔑的意思；一个人如果瞳孔适当放大，目光里显示出自信，这说明他比较坚定，并且给人一种稳操胜券的感觉；当然，如果一个领导用眼睛死盯着你，这很有可能是你犯了错，很多领导就特别善用眼睛显示自己居高临下的权威。

手势是另一种常用的符号，被称为“口语表达的第二语言”。手势不仅能突出你所强调的内容，而且也会使你的内容表达更加丰富。在领导者活动中，领导者如果能以生动形象的有声语言，配上精彩的手势，必能使你的讲话内容更加精彩，使你的个人形象更加有魅力。

很多时候，领导者适时地运用手势，不仅可以表现出自己的涵养，还能表现出自己的自信和果断。

当然，除了眼神和手势，在现代社会，微笑也成了权威者和领导者的标志。与以前不同，严肃和庄重不再是象征强势的符号。相反，现在的权威人更喜欢以笑脸面对镜头。看看那些企业家杂志的封面，他们大都会选择领导的微笑镜头。虽然大笑可以让人看起来更豪爽更有亲和力和感染力，玩点儿深沉让人看起来更“酷”，但与微笑相比，没有一种笑更能展现一个成功人士的自信与波澜不惊。

第五章

拒绝是一门艺术，掌握不惹恼对方的技巧

拒绝要选择适当的时机和场合

现实生活中，如果是朋友请你帮忙，你在拒绝时，除了要有充分的理由之外，还必须注意拒绝的时机和场合。从时机来说，拒绝要趁早，切忌不可一味拖延。

通常而言，拒绝的时间，一般是早拒比晚拒好，因为及早拒绝，可以让对方抓住时机争取别的出路。无目的的拖拉，则是一种不负责任的态度。

很多人在拒绝对方的时候，因为感到不好意思，而不敢据实言明，支支吾吾，这样会使对方摸不清自己的真正意思，而产生许多不必要的误会。其实，在人际关系的交往中，不得不拒绝是常有的事情，因此搞坏交情的并不多；倒是有些人说话语意暧昧、模棱两可，容易引起对方误会，甚至导致关系破裂。

当然，不管你怎样委婉地拒绝，对方遭到拒绝总归是不愉快的。怎样才能使对方的这种不愉快减少到最小程度，或者反而使双方的关系更进一步呢？这就要求你的态度要诚恳，不要在公共场合当着其他人的面拒绝人。

拒绝他人的时候，一定要考虑周全，让对方不过于难堪。切不可不管不顾，在众人的面前直接拒绝对方的好意，这样会使对方伤得很深。尤其是拒绝熟人时，从时间来说最好趁早，从场合上来说，最好没有第三人在场，这样可以顾及被拒绝人的颜面和自尊，将伤害降到最低。

巧妙拒绝亲朋好友的不当请求

拒绝亲密之人的不当要求是一门学问，是一项应变的艺术。要想在拒绝时既消除了自己的尴尬，又不让对方无台阶可下，这就需要掌握一些巧妙的拒绝方法，比如：

1.巧用反弹

别人以什么样的理由向你提出要求，你就用什么样的理由拒绝，这就是巧用反弹的方法。

2.敷衍拒绝

敷衍式的拒绝是最常用的一种拒绝方法，敷衍是在不便明言回绝的情况下，含糊回绝请托人。拒绝亲密之人的不当要求也可采用这一方法。运用这种方法时，也需对方有比较强的领悟能力，否则难以见效。具体采用这种方法时，我们可以运用推托其辞、答非所问、含糊拒绝等具体方式。

3.巧妙转移

面对别人的要求，你不好正面拒绝时，可以采取迂回的战术，转移话题也好，另有理由也好，主要是利用语气的转折——绝不会答应，但也不致撕破脸。比如，先向对方表示同情，或给予赞美，然后再提出理由，加以拒绝。由于先前对方在心理上已因为你的同情而对你产生好感，所以对于你的拒绝也能以“可以谅解”的态度接受。

总之，面对亲密之人提出的不当要求时，切忌直接拒绝，尽量使用间接拒绝的方法。从对方的立场出发，阐明自己的观点，就会使对方自然而然地接受了。

此外，拒绝别人时，也要有礼貌。任何人都不愿被拒绝，因为被别人拒绝，会感到失望和痛苦。当对方向自己提出不合理要求时，你可能感到气愤，甚至根本无法忍受，但你也要沉住气，你千万不可大发雷霆、出言不逊、恶语伤人。在拒绝对方时，更要表现出你的歉意，多给对方以安慰，多说几个“对不起”“请原谅”“不好意思”“您别生气”之类的话。由于你十分有礼貌，即使对方想无理取闹，也说不出什么，这样别人也会觉得你是一个彬彬有礼的人而愿意与你亲近。

拒绝求爱这样说

如果爱你的人正是你所爱的人，被爱是一种幸福。但是，假如爱你的人并不是你的意中人，或者你一点儿也不喜欢他（她），你就不会感觉被爱是一种幸福了，你可能会产生反感甚至会痛苦，这份你并不需要的爱就成了你的精神负担。

别人爱你，向你求爱，他（她）并没有错；你不欢迎，你拒绝他（她）的爱，你也没错。最关键的是看你怎样拒绝。如果拒绝得恰到好处，对双方都是一种解脱，也可以免去许多麻烦；如果你不讲方式，不能恰到好处地拒绝别人的求爱，你就可能犯错误，不但伤害他人，说不定也会危害自己。

你也许曾经有过这样的左右为难，有时候，也许你为了顾全对方的面子而难以开口说个“不”字，你不知所措。你被这份多余的爱折磨得痛苦不堪，不知该如何去做。生活中处在这种矛盾中的人太多了。有些人遇到这些情况时不知该如何拒绝，因处理不当，造成了很不好的后果。

那么该如何巧妙而不失体面地拒绝求爱呢?

首先要做到直言相告，以免产生误会，这是非常必要的。

你若已有意中人，又遇求爱者，那么就直接明确地告诉对方，你已有爱人，请他（她）另选别人，而且一定要表明你很爱自己的恋人。同时，切忌向求爱者炫耀自己恋人的优点、长处，以免伤害对方的自尊心。

倘若你认为自己年纪尚小，不想考虑个人问题，那正好，你可以直言不讳，讲明情况。

其次，倘若你不喜欢求爱者，根本没有建立爱情的基础，可以在尊重对方的基础上婉言谢绝。

对自尊心较强的男性和羞涩心理较重的女性，适合委婉、间接地拒绝。因为有这类心理的人，往往是克服了极大的心理障碍，鼓足勇气才说出自己的感情，一旦遭到断然的拒绝，很容易感到受了伤害，痛不欲生，或者采取极端的手段，以平衡自己的感情创伤。因此拒绝他们的爱，态度一定要真诚，言语也要十分小心。你可以告诉他（她）你的感受，让他（她）明白你只把他（她）当朋友、当同事或者当兄妹看待，你希望你们的关系能保持在这一层面上，你不愿意伤害他（她），也不会对别人说出你们的秘密。

你不妨说：“我觉得我们的性格差异太大，恐怕不合适。”

“你是个可爱的女孩，许多人喜欢你，你一定会找到合适的人。”

“你是个很好的男人，我很尊重你，我们能永远做朋友吗？”

“我父母不希望我这么早谈恋爱，我不想伤他们的心。”

如果这些自尊和羞涩感都挺重的人没有直接示爱，只是用言行含蓄地暗示他们的感情，那么你也可以采取同样的办法，用暗含拒绝的语言，用适当的冷淡或疏远来让他（她）明白你的心思。

要记住，拒绝别人时千万不要直接指出或攻击对方的缺点或弱点，因为你觉得是缺点或弱点的地方，对他（她）自己来说也许并不认为是缺点。所以，不能以一种“对方不如自己”的优越感来拒绝对方。特别是一些条件优越的女青年，更不能认为别人求爱是“癞蛤蟆想吃天鹅肉”而一推了之，或不屑一顾、态度生硬，让人难以接受。

不过，对于带有骚扰性的某些“求爱”方式，就不必手下留情，一定要果断出击。

如果你是一名美女，你可能会遇到“性骚扰”。随着开放程度的日益提高，许多女性与男子一样，在社会工作中担任着重要的角色，而且敢于展示自己的美，这就招来一些好色之徒，使他们有了非分之想。爱美之心人皆有之，但对美女的垂涎太过分，就成了性骚扰。女性遭到来自男性的性骚扰，如果太过软弱，就会使好色之徒得寸进尺；如果义正词严怒目斥之，就可能陷入麻烦之中弄得自己不开心。比较聪明的办法是，以机智的讥讽言辞使其退却，这是一个两全其美的法子。

约会是男女开始真正意义上的恋爱的标志，所以，接受别人的约会请求也意味着接受别人的求爱。对于不愿意接受的示爱者，我们首先应该拒绝与其约会，不能因为一时心软而使对方误会，导致真正明确两人关系时牵扯不清，给对方造成更大的伤害。拒绝约会应该有“快刀斩乱麻”的魄力，因为这不仅仅代表对一次约会的推搪，而且暗示着自己对对方的爱情的谢绝，这就要求我们一方面要把握说话的分寸，不损害对方的感情，另一方面要表明心意，断绝对方再次邀请的念头。

找各种各样的借口来推搪约会，使对方体会到拒绝之意。上课、加班、身体欠安、天气不好……这些都可以成为拒绝约会的好借口。在搬出这些借口的同时，可以有意地露出破绽，让对方从借口的不严密性中明白是在有意敷衍。此外，也可以以委婉的方式暗示自己确实不愿意与对方交往。总之，借口不能找得太严密、太合乎情理，不要让对方误认为是客观原因导致不能赴约，从而把约会的时间推至以后，令自己再次处于被动局面。

无论如何，在爱情的历程中，当遇到不满意或不能接受的求爱时，最好采用恰当的语言，婉言拒绝，巧妙收场。

通过暗示巧说“不”

很多时候，我们不得不拒绝别人，但是怎样将这个难说的“不”说出口呢？暗示，是一种不错的选择。

另外，通过身体动作也可以把自己拒绝的意图传递给对方。当一个人想拒绝对方的继续交谈时，可以做转动脖子、用手帕拭眼睛、按太阳穴以及按眉毛下部等漫不经心的小动作。这些动作意味着一种信号：我较为疲劳、身体不适，希望早一点儿停止谈话。显然，这是一种暗示拒绝的方法。此外，微笑的中断、较长时间的沉默、目光旁视等也可表示对谈话不感兴趣、内心为难等心理。

巧妙地学会用暗示的方法拒绝别人，让对方明白你在说“不”，不仅能把事情办妥，而且不伤和气。

师出有名，给你做的事一个说法

很多时候，我们需要为自己所做的事找一个理由，这样，我们所做的事才更容易得到别人的认同。

做任何事情都要有正当的理由，至少是表面上的。古往今来，凡是成大事的人，都懂得为自己做的事找一个能够为人所接受的借口。

人与人交往，有时难免要借助善意的借口、美丽的谎言，因为这是关心对方、理解对方的一种表示，对人际关系的和谐大有裨益。如果我们懂得运用这种真诚和善意来处理相互间的关系，我们与他人的交往便更具艺术性。

日常交往中，我们每个人都在有意、无意地用着这样或那样的借口。比如，朋友来家做客，不小心打碎了茶杯，这时，你马上会说：“不要紧，你才打了一只，我爱人曾经打碎了三只。相比起来，你的战绩平平。”这种幽默的借口，既打破了尴尬的局面，也避免了让对方陷入难堪的境地。

可见，在日常生活中，要处理好人与人之间的关系，做到善解人意、与人为善，有时就需要寻找合适的借口，因为这种善意的借口既能满足对方的自尊心，维护对方的颜面，又可以让自己摆脱不必要的尴尬和难堪。

学会非辩护式应对，从容化解责难

生活是复杂多变的，我们在生活中面对的人也是多种多样的。所以，面对复杂的人和事情，我们不可能用一招就解决所有的问题。

在拒绝别人的时候，如果单纯地告诉对方我们的真实状况，让对方也一样体会到我们的难处，从而获得对方的同理心，从而就算我们没有提供帮助，对方至少不会怨恨我们。然而，这种方法并不是对所有人都适用。

我们在实际生活中也会遇到这样的人，他们不会跟我们探讨我们的实际状况，而是不待我们陈述，便开始从品质上或者精神上来指责我们。一旦出现这样的情况，我们在前文中提到的三步走的方式就会失效，因为我们的以理服人完全没有找对人，对方不是就事论事地和我们来探讨。如果你在对方的责难之下为自己辩解，以致于发生争论，那么过程依然会走向恶化。

对于一件事情的评判，如果都采用就事论事的方式，那么就好办多了。但是，一旦陷入人身攻击、品质评论，那么这样的情况就像俗话说的“秀才遇到兵，有理说不清”了。

通常来说，有三种方式可能在这个时候出现，一是埋怨；二是愤怒；三是威胁。就好像我们民间说的俗话“一哭二闹三上吊”就形象地表达了这样的状况。他们总是试图用自己的情绪来让你放弃你自己的立场，从而顺从他们的思维方式。

面对这样的状况，又该如何来应对呢？如果对方可以和你理性地来讨论，那么我们前面所说的方式就可以奏效，我们可以通过我们的理由陈述来获得对方的认同，从而拒绝别人，也让别人能够心平气和地接受。如果对方不谈论事情的本身，而是采取埋怨、愤怒或者攻击的方式，你再和他讲道理，那就有点儿对牛弹琴了。

一般人在面对对方的攻击的时候，第一反应就是回击对方。因为他们认为，如果面临攻击而不反击，会被别人认为是软弱可欺，所以必须同等力度地回击对方。然而，如果你在面对对方的攻击的时候，选择了回击，你也就将主动权交给了对方，因为你受到了他人情绪的影响。

很多人在面对对方指责的时候，首先想到的就是为自己辩护。事实上，如果你选择了辩护，就意味着你放弃了自己的主动权，因为你辩护是为了让对方明白或者谅解你，这个时候就相当于将原谅或者不原谅的主动权交给了对方。如果你自己没有错误，那么又何需对方的谅解或者不谅解呢？所以说，在应对指责或者攻击的时候，要学会非辩护式的应对方式。

什么是非辩护式应对？就是不要用与对方争论的方式。虽然这样的方式看似没有达到还击或者辩解的目的，但是正所谓“以其不争，故天下莫能与之争”，你一旦不与对方争论，对方的指责或者攻击也就没有了着力之处，那么你就拥有了主动权。

第六章

硬拒不如柔拒，回绝却不伤害对方

先承后转，让对方在宽慰中接受拒绝

日常中，我们经常会遇到这样的情况，对方提出的要求并不是不合理，但因条件的限制无法予以满足。在这种情况下，拒绝的言辞可采用“先承后转”的形式，使其精神上得到一些宽慰，以减少因遭拒绝而产生的不愉快。

有的时候对方可能会因急于事成而相求，但是你确实又没有能力、没有办法帮助他的时候，一定要考虑到对方的实际情况和他当时的心情，避免使对方恼羞成怒，造成误会。

拒绝还可以从感情上先表示同情，然后再表明无能为力。

先扬后抑这种方法也可以说成是一种“先承后转”的方法，这也是一种力求避免正面表述，而采用间接拒绝他人的方法。先用肯定的口气去赞赏别人的一些想法和要求，然后再来表达你拒绝的原因，这样你就不会直接地去伤害对方的感情和积极性了，而且还能够使对方更容易接受你，同时也为自己留下一条退路。

一般情况来说，你还可以采用下面一些话来表达你的意见：

“这真的是一个好主意，只可惜由于……我们不能马上采用它，等情况好了再说吧！”

“这个主意太好了，但是如果只从眼下的这些条件来看，我们必须要放弃它，我想我们以后肯定是能够用到它的。”

“我知道你是一个体谅朋友的人，你如果对我不十分信任，认为我没有能力做好这件事，那么你是不会找我的。但是我实在忙不过来了，下次如果有什么事情我一定会尽我的全力来支持你。”

友善地说“不”，和和气气将其拒绝

业务员的销售技巧里有这么一招：从一开始就让顾客回答“是”，在回答几个肯定的问题之后，你再提出购买要求就比较容易成功。同理，当你一开始对自己说“我做不到”或“我不行”的时候，自己就陷入了否定自我的危机，然后就会因拒绝任何的挑战而失去信心。

当然，我们必须努力去做一个绝不说“不”的人，可是，当遇到别人不合理的请求时，我们是否也要委曲求全答应对方呢？

这个时候，你千万不要因为不能说“不”而轻易地答应任何事情，应该视自己能力所及的范围，尽可能不要明明做不到却不说，结果既造成了对方的困扰，又失去了别人对你的信任。

不过，当你拒绝对方的请求时，切记不要咬牙切齿、绷着一张脸，而应该带着友善的表情来说“不”，才不会伤了彼此的和气。除了对别人该说“不”时就说“不”，同时对自己也要勇敢地说“不”。

巧踢“回旋球”，利用对方的话来拒绝他

拒绝不一定非要表明自己的意思，许多时候，利用对方的话来拒绝他，是更聪明的选择。只要合理地从对方的话语里引出一个合乎逻辑的相同问题，巧踢“回旋球”，让对方“哑巴吃黄连，有苦说不出”。

有一大部分人会产生这样的想法，难道我们在现实生活中非要拒绝别人不可吗？我们在拒绝他人时都要采用这些委婉的方法吗？

在现实生活中，关于拒绝他人，我们还要注意以下问题：

第一，在日常生活中，我们应该真诚地对待朋友和同学，积极地帮助他们。每个人都应该明白一个简单的道理“平时帮人，拒人才不难”，这种方法主要适用于那些的确违背我们意愿的事情。

第二，如果是由于自己能力或客观原因拒绝对方，我们应该坦诚相对，说明自己的实际情况，同时，要积极帮对方想办法。

第三，对于某些情况，直接说“不”的效果更好，特别是对于那些违法乱纪的事情，应持坚决的态度来拒绝。对于那些可能引起误解的事情，也应该明确自己的态度，否则会“当断不断，反受其乱”。此外，由于拒绝不明可能会影响对方，也影响事情的发展方向，所以也应该直截了当地拒绝对方。

第四，即使我们掌握了一些比较好的方法，在一般的拒绝中，我们也应该语气委婉，最好还能面带微笑，这样既达到自己拒绝他人的目的，又消除拒绝给对方带来的不快。

顾及对方尊严，让他有面子地被拒绝

自尊之心，人皆有之。因此在拒绝别人时，要顾及对方的尊严。人们一旦投入社交，无论他们的地位、职务多高，成就多大，他们无一例外地都关心外界对自己的评价。由于来自外界评价的性质、强度和方式不同，人们会相应地做出不同反应，并对交际过程及其结果产生积极或消极的影响。通常的规律是：尊之则悦，不尊则哀。也就是说，当得到肯定的评价时，人们的自尊心理得到满足，便会产生一种成功的情绪体验，表现出欢愉乐观和兴奋激动的心情，进而“投桃报李”，对满足自己自尊欲望的人产生好感和亲切感，采取积极的合作态度，交际随之向成功的方向发展。反之，当人们不受尊重、受到不公正的评价时，便会产生失落感、不满和愤怒情绪，进而出现对抗姿态，使交际陷入危机。

在社交场合上，无论是举止或是言语都应尊重他人，即使在拒绝别人的时候也要顾及对方的尊严。也只有这样，才能赢得别人的尊重。

贬低自己，降低对方期望值，顺势将其拒绝

用自我贬低的方法或者在玩笑的氛围中拒绝他人，不仅维护了别人的面子，也使自己全身而退。

在贬低自己的策略中，“装疯卖傻法”是一种特殊形式，即“表示自己无能为力，不愿做不想做的事”，也就是说：“我办不到！所以不想做！”

根据心理学的调查发现，人们的确有在日常生活中故意装傻的现象。例如在上班族中，有20%的人曾对上司装过傻，而14%的人对同事装过傻。虽然这会导致评价降低，但令人惊讶的是，仍有一成以上的人是在自己有意识的情况下用了这个办法。

上班族会用到“装疯卖傻法”的场合有以下三种：

第一，不愿做不想做的事。

例如像是打杂般的工作、很花时间的工作，或单调的工作等。还有像公司运动会之类，像这种情形便有不少人会用“我不会呀”或“我对这方面不擅长”等理由，来把不想做的事巧妙地推掉。公司内部活动的筹办委员也是其中之一。

第二，拒绝他人的请求。

当别人找上你，希望你能帮他的忙时，你很难直接说“不”吧！因此便以“我很想帮你，可是我自己也没有那个能力”的态度来婉转拒绝。拒绝别人这种事，很难直接以“我不愿意”这种态度来拒绝，而且还可能会让对方怀恨在心。因此，若是用能力，也就是自己无法控制的原因来拒绝（想帮你，可是帮不了）的话，拒绝起来便容易多了。

第三，想降低自己的期望值。

一个人若能得到他人的高度期待，固然值得高兴，但压力也会随之而来。因为万一失败，受到高度期待的人，所带给其他人的冲击性会更大。

因此，借由表现出自己的无能，来降低期望值，万一将来失败，自己的评价也不会下降得太多；相反的，如果成功，反而会得到预期之外的肯定。

第七章

直拒不如委拒，拐个弯令对方主动放弃

找个人替你说“不”，不伤大家感情

在拒绝他人的诸多妙法中，有一种比较艺术的方法就是推诿法。

所谓推诿法，就是以别人的身份表示拒绝。这种方法看似推卸责任，但却很容易被人理解：既然爱莫能助，也就不便勉强。

有时为了拒绝别人，可以含糊其词地推托：“对不起，这件事情我实在不能决定，我必须去问问我的父母。”或者是：“让我和孩子商量商量，决定了再答复你吧。”

这是拒绝人的好办法，假装请出一个“后台老板”，表示能起作用的不是本人。这样做既不伤害朋友的感情，又可以使朋友体谅你的难处。

人处在一个大的社会背景中，互相制约的因素很多，为什么不选择一个盾牌来挡一挡呢？如：有人求你办事，假如你是领导成员之一，你可以说，我们单位是集体领导，像刚才的事，需要大家讨论才能决定。不过，这件事恐怕很难通过，最好还是别抱什么希望。如果你实在要坚持的话，待大家讨论后再说，我个人说了不算数。这就是推托其辞，把矛盾引向了另外的地方，意思是我不是不给你办，而是我决定不了。请托者听到这样的话，一般都会打退堂鼓。

你的托词不能损害对方的利益

从对方的利益出发，掌握好说“不”的分寸和技巧，给对方一个能够接受的，并且不会伤害对方的托词十分重要。

随着社会的发展，人与人之间的交往越来越密切，也越来越复杂。比如，我们经常会发现办公室中谈笑风生的两个人，其实早已积怨很深。或者昨天还势如水火的两个同事，今天却亲密得俨如老友。从中我们可以看出，办公室中的人际关系确实让人难以捉摸。其实，我们每个人都希望能够得到他人的关注与理解。因此在职场上，我们要学会理解他人，把握处理事情的分寸，尤其是我们因为各种原因而不能配合对方时，一定要从对方的利益出发，说好托词。

每个人总会有需要别人施以援手的时候，所以，多一个敌人绝对不是什么好事情。虽然我们避免不了拒绝的发生，却可以采取适当的拒绝方式，最大限度地避免因为拒绝而树敌。

经常有人会说出这样的话：“这件事情恕难照办”“我们每天都一样地工作，凭什么要我帮你的忙。”如果你听到这些话，会是什么反应呢？你会很高兴很客气地说“既然如此，那我就不打扰你了，对不起”吗？恐怕不会吧。你可能会恼羞成怒地回击对方：“你这个人讲话怎么如此无情！难道你一辈子就没求过人吗？”然后拂袖而去。

一般情况下，我们在拒绝别人的时候要注意以下几点：

1.积极地倾听

当你拒绝别人的请求时，不要随口就说出自己的想法。过分急躁的拒绝最容易引起对方的反感，应该耐心地听完对方的话，并用心弄懂对方的理由和要求，让对方了解到自己的拒绝不是草率做出的，是在认真考虑之后不得已而为之的。

2.用和蔼的态度拒绝对方

不要以一种高高在上的态度拒绝对方的要求，不要对他人的请求流露出不快的神色，更不要蔑视或忽略对方，这都是没有修养的表现，会让对方觉得你的拒绝是对他抱有成见，从而对你的拒绝产生逆反心理。拒绝对方要保持和蔼的态度，要真诚。

3.明白地告诉对方你要考虑的时间

我们经常碍于面子不愿意当面拒绝他人的请求，而是以“需要考虑”为借口来避免直接拒绝对方，其实是希望通过拖延时间使对方知难而退。这是错误的。如果不愿意立刻当面拒绝，应该明确告知对方考虑的时间，表示自己的诚意。

4.用抱歉的话语来缓和对方的情绪

对于他人的请求，表示出无能为力，或迫于情势而不得不拒绝时，一定记得加上“实在对不起”“请您原谅”等抱歉用语，这样，便能不同程度地减轻对方因遭拒绝而受的打击，舒缓对方的挫折感和对立情绪。

5.说明拒绝的理由

在拒绝他人的请求时，不要只用一个“不”字就想使对方“打道回府”，而应给“不”加上合情合理的注解，以使对方明白，自己的拒绝并非是毫无理由，而是确有苦衷。

真诚地说出你拒绝的理由是非常必要的，它有助于你们维持原有的友好关系。

6.提出取代的办法

当你拒绝别人时，肯定会影响他计划的正常进程，甚至使他的计划搁浅。如果你给他提供一些建设性的意见，则能减轻对方的挫折感和对你的怨恨心理。

7.对事不对人

你要想方设法地让对方知道你拒绝的是他的请求，而不是他这个人。

总而言之，成功地拒绝别人的请求不仅可以节省自己的时间和精力，还可以免除由不情愿行为所带来的心理压力。但前提是，拒绝时必须不损害对方的利益。

拒绝要真诚，不能让人感觉你敷衍了事

当你不得不拒绝别人时，要想好一些真诚的托词，让别人从心眼里觉得的确是你能力有限从而不得不拒绝。

拒绝总是会让人感到不愉快。委婉拒绝无非是为了减轻双方，特别是对方的心理负担。尤其是上司拒绝下属的要求时，不能盛气凌人，要以同情的态度、关切的口吻讲述理由，使之心服。在结束交谈时，一定要表示歉意。一次成功的拒绝，也可能为将来的重新握手、更深层次的交际播下希望的种子。

倾听能够让对方感受到你的尊重和真诚，委婉地向对方表达自己的拒绝，可以避免使对方的感情受到严重的伤害。

倾听的另一个好处是，你虽然拒绝他，却可以针对他的情况，建议他如何取得适当的支援。若是能提出有效的建议或替代方案，对方一样会感激你，甚至在你的指引下找到更适当的解决方案。

直接的拒绝只会伤害彼此的感情，而委婉地说“不”却更容易让人接受。当你仔细倾听了别人的要求，并认为自己应该拒绝的时候，说“不”的态度必须是温和而坚定的。

拒绝除了需要技巧，更需要耐心与关怀。若只是敷衍了事，

只会伤害对方。

1.对领导说“不”时一定要把握好时机

2.不想加班，就必须找个恰当的理由

3.巧借打电话，逃离酒桌应酬

4.巧妙应对，避开另类“骚扰”

艺术地下逐客令，让其自动退门而归

有朋来访，促膝长谈，交流思想，增进友情是生活中的一大乐事，也是人生道路上的一大益事。宋朝著名词人张孝祥在跟友人夜谈后，忍不住发出了“谁知对床语，胜读十年书”的感叹。然而，现实中也会有与此截然相反的情形。下班后吃过饭，你希望静下心来读点儿书或做点儿事，那些不请自来的“好聊”分子又要扰得你心烦意乱了。他唠唠叨叨，没完没了，一再重复你毫无兴趣的话题，还越说越来劲。你勉强敷衍，焦急万分，极想对其下逐客令但又怕伤了感情，故而难以启齿。

但是，若你“舍命陪君子”，就做不成自己的事，因为你最宝贵的时间，正在白白地被别人占有着。鲁迅先生说：“无端地空耗别人的时间，无异于谋财害命。”任何一个珍惜时间的人都不甘任人“谋财害命”。

那要怎样对付这种说起来没完没了的常客呢？最好的对付办法是：运用高超的语言技巧，把“逐客令”说得美妙动听，做到两全其美；既不挫伤好话者的自尊心，又使其变得知趣。要将“逐客令”下得有人情味，可以参考以下方法：

1.以婉代直

用婉言柔语来提醒、暗示滔滔不绝的客人：主人并没有多余的时间跟他闲聊胡扯。与冷酷无情的逐客令相比，这种方法容易被对方接受。

2.以写代说

有些“嘴贫”（北京方言，指爱乱侃）的人对婉转的逐客令可能会意识不到。对这种人，可以用张贴字样的方法代替语言，让人一看就明白。根据具体实际情况，我们可以贴一些诸如“我家孩子即将参加高考，请勿大声喧哗”“主人正在自学英语，请客人多加关照”等字样，制造出一种惜时如金的氛围，使爱闲聊者理解和注意。一般，字样是写给所有来客看的，并非针对某一位，所以不会令某位来客有多难堪。

3.以热代冷

用热情的语言、周到的招待代替冷若冰霜的表情，使好闲聊者在“非常热情”的主人面前感到今后不好意思多登门。爱闲聊者一到，你就笑脸相迎，沏好香茗一杯，捧出瓜子、糖果、水果，很有可能把他吓得下次不敢贸然再来。你要用接待贵宾的高规格，他一般也不敢老是以“贵客”自居。

过分热情的实质无异于冷待，这就是生活辩证法。但以热代冷，既不失礼貌，又能达到“逐客”的目的，效果之佳，不言自明。

4.以攻代守

用主动出击的姿态堵住好闲聊者登门来访之路。先了解对方一般每天几点到你家，然后你不妨在他来访前的一刻钟先“杀”上他家门去。于是，你由主人变成了客人，他则由客人变成了主人。你从而掌握交谈时间的主动权，想何时回家，都由你自己安排了。你杀上门去的次数一多，他就会让你给黏在自己家里，原先每晚必上你家的习惯也很快会改变。一段时间后，他很可能不再“重蹈旧辙”。以攻代守，先发制人，是一种特殊形式的逐客令。

5.以疏代堵

闲聊者用如此无聊的嚼舌消磨时间，原因是他们既无大志又无高雅的兴趣爱好。如果改用疏导之法，使他们有计划要完成，有感兴趣的事可做，他们就无暇光顾你家了。显然，以疏代堵能从根本上消除闲聊者上门干扰之苦。

那么，我们该怎样进行疏导呢？如果他是青年，你可以激励他：“人生一世，多学点儿东西总是好的，有真才实学更能过上好生活，我们可以多学习学习，充实充实自己。”如果他是中老年，可以根据他的具体条件，诱导他培养某种兴趣爱好，或种花，或读书，或练书法，或跳迪斯科。“老张，您的毛笔字可真有功底，如果再上一层楼，完全可以在全县书法大奖赛中获奖了！”这话一定会令他欣喜万分，跃跃欲试。一旦他有了兴趣爱好，你请他来做客也不一定能请到呢！

向各种难缠的推销说“不”

推销这个词，我们每个人都不陌生，并又深受其害。尤其是从事保险推销、电话推销、街头推销的推销员，严重干扰了我们的正常生活。

虽然有时候，基于对他们的尊重或者理解，我们也愿意停一下脚步，客气地拒绝着推销保险员的好意，在接到促销电话时礼貌地说上几句再挂断，也愿意微笑着接过街头推销员的产品与传单。

但是，面对有些推销，如果不能做到当断不断，就会给我们的生活带来很多麻烦。有时候，在生活中我们容易碰到这样的情况，你去那些美容美体美发的店铺消费，就会受到她们一边给你服务，一边向你推销这个项目那个产品的骚扰。

他们甚至以专家自居，说你的皮肤都有什么什么样的问题，发质又是如何的粗糙……有时候，他们甚至光顾着推销产品，而忽略了要做好手上的活。结果是，原本想享受、放松生活的你，心里憋了一肚子的气，真想以后再也不来了。

其实，要拒绝别人光是说“不”是不够的，还得要有充分的理由才能让对方闭嘴。怎么办呢？绝对不能支支吾吾或总以没带够钱、没带卡或赶时间来拒绝，因为她下次还会继续。必须严词拒绝！

总之，在中国这样重面子、讲人际关系的社会里，“人情保单”有时候难以避免。但是，如果不想浪费钱买自己并不需要的，或不适合自己的“人情保单”。我们就需要在掌握真实的自我需求的同时，坚定地对他们说“不”。如果非得捧场，那么，对方专不专业、自己需不需要就不再是考虑的重点。建议不妨从精挑保险险种下手，以避免为了应付人情，反而让自己掉入财务泥沼。

第八章

挺起自己的脊梁骨，拒做职场“受气包”

怎样拒绝领导又不会让其生气

在生活中，常常会被领导安排做一些事情，但有些事情你无法胜任或不合常理，这时你不得不拒绝领导，但又怕直接回绝令领导生气，给自己的职场前途带来障碍。此时，你应该怎么办呢？

当然，拒绝领导是要讲究方法的，因为领导不是一般人，他有可能影响你一生的前程，不可轻易得罪。但如果你能采取一些巧妙而又行之有效的拒绝方法，领导就会谅解你。

1.设法尽全力迫使领导自动放弃

当领导提出某种要求而你又无法满足时，设法造成你已尽全力的错觉，让领导自动放弃自己的要求，也是一种好方法。

比如，当领导提出你无法满足的要求后，你可以先答复：“您的意思我懂了，请放心，我保证全力以赴去做。”过几天，你及时主动向领导汇报："这几天王经理因有急事出差，等下星期回来我再去找他。"

又过几天，再告诉领导："您的要求我已转告王经理了，他答应在公司董事会上认真讨论。"尽管事情最后不了了之，但你也会给领导留下好印象，因为你已尽力而为，领导也就不会怪罪于你了。

一般情况下，人们总是念念不忘自己提出的要求，但如果长时间得不到回音，就会认为对方不重视自己的问题，反感、不满由此而生。所以，即使不能满足领导的要求，只要能做出努力的样子，对方就不会有意见，主动撤回已让你为难的要求。

2.依靠群体替你拒绝

领导要求你做某一件事时，其实你很想拒绝，可是又说不出口，这时候，你不妨拜托其他两位同事和你一起到领导那里去，这并非所谓的三人战术，而是依靠群体替你做掩护来说"不"。

你们可以先商量好谁是赞成的那一方，谁是反对的那一方，然后在领导面前争论。等到争论一会儿后，你再出面委婉地说"原来如此，那可能太牵强了"，而转向反对的那一方。这样一来，你可以不必直接向领导说"不"，就能表明自己的态度。

这种方法会给领导"你们是经过激烈讨论后，绞尽脑汁才下的结论"的印象，而所有的人都不会有哪一方受到伤害的感觉，从而领导会很自然地自动放弃对你的要求或命令。

3.思考后再决定

领导要求你做事时，你要认真思考：这件事自己能否胜任？是否违背自己的良心？然后再做决定。如果只是为了一时的面子，把无法做到的事答应下来，那就是“心太软”。即使这位领导平时很关照你，当他托你办事时，你若觉得实在无法做到，就应该很明确地表明态度并向他说声对不起。否则，不仅事情没办成，还会因此得罪领导。

当然，拒绝领导的方法有许多，一定要看好时机，用最自然的方式将你的本意暗示出来。不要惧怕，只要方法得当，和领导也能有商量余地。

对不合理的加班说“不”

古人说，有所不为才能有所为。这个“不为”，就是拒绝。

我们所做的拒绝其实就是我们的一种选择，拒绝是我们的一种权利，就像说生存是一种权利一样。人们常常以为拒绝是一种迫不得已的防卫，殊不知它更是一种否定性的主动的选择。但是令人担忧的是，很多人不懂得拒绝是他们的权利，更是很少行使这个权利。

我们在初入职场，面试的时候，大多数面试官或者经理都会信誓旦旦地保证：“我们不会加班，即使加班也是极少数情况，并且我们有加班费。”拿着一百个放心，你加入了你期待已久的那个公司。

但是，慢慢地你会发现，事情永远不会向你想象的方向发展。当然，现在是一个飞速发展、竞争激烈的时代。在千千万万个的小公司中，大多数人每天都处在“受剥削”的状态。不加班的公司已经很少见。一般来说，在合理的范围内的加班，我们作为公司的一分子，有义务来承担这份责任。但是如果你正是那个身在小公司打工的一分子的话，而你恰恰又不想加班，只想做一个能够正点回家、享受自己的小幸福的人，面对那些不合理的加班时，又该怎么办呢？

我们可以合理利用好每天下午下班之前的一两个小时，向老板询问有没有临时的工作安排，恰当的语言和语气对我们能否达到目的起着至关重要的作用，我们应该这样对老板说：“老板，我今天想要正点下班，请问您这里有需要临时处理的文件吗？”

切记，我们在向老板询问的时候，千万不能使用探询的语气，一定要坚持住自己的立场。如此，不但让老板觉得自己得到了应有的尊重，而且在维护你正点下班这一权利的同时，还留下了可以协商的余地。

除此之外，你还可以说自己手里面有很多没有做完的工作，用工作来推工作。这种方法是一种比较睿智的方法，不仅能推掉多余的工作，而且也能向老板表现你的勤奋和积极。当工作如潮水一般涌来的时候，告诉老板，你手头正在处理的这件事情非常紧急，或者还有更为重要的事情等着你去办。问清楚老板交给你的临时任务需要什么时候上交，然后问老板自己可否带回家去做。如此，就可以避免你在办公室加班了。而且，老板一般也不会铁石心肠到非要你带回家去做的程度，他很有可能会把这项任务交给其他人去做。

对于那些不近人情，不管你说什么还是要你加班的老板，可以采用严词拒绝的原则，用劳动合同和国家法律来当武器，为自己拒绝加班找到理论上的依据。之所以选择这样一种方法，就是要你向老板传达一个明确的信息——你不是随时随地都会无条件地答应加班。当然，这一原则所带来的危险性一目了然，你很有可能“炒了老板鱿鱼”。

但是，如果是因为平时工作不积极、工作效率低，在规定的工作时间里，无法像大多数人一样完成工作任务，只好留下来加班。对于这样的情况，我们需要的不是勇敢地拒绝加班，而是自我反省。

我们拒绝加班的前提不是毫无根据的，而是在对工作尽心尽力的前提下的，所以说必要的加班还是要接受的。

面对老板的时候，要做到不卑不亢，才能保证自己的合法权益不受侵犯，才能游刃有余地和老板和谐相处。加班固然是我们都不愿意看到的，面对不合理的加班，我们要学会勇敢地拒绝。

向靠得太近的下属说“不”

很多人认为管理者跟下属打成一片是与下属最好的相处之道，这样做固然会在人际关系中处于优势，但是，却也带来了一些负面影响，在必要的时候我们却很难向下属说“不”。随着你与下属关系的亲近，下属在平时的工作中更容易替你着想，这样在无形中促使他们尽力把事情做好，省去了一些催促、解释的麻烦。而当我们与下属距离过远时，难免给下属造成你总是高高在上的感觉，这样会造成你对下属的约束力和感召力都不会太强。最终，当我们向下属下达指令时，下属只是迫于上方的压力来做这件事，但是，他们的执行力却远远达不到你想要的要求。

孔子说：“临之以庄，则敬。”意思是说，威严地对待别人，就会得到对方的尊敬。领导者和下属的关系始终是一种工作上的上下级关系，所以总要保持一定的距离才能发挥领导的职能。

遗憾的是有些管理者不善于调整距离，与下属交往有失分寸，这便犯了大忌。没有了距离就没有了威严。如果一个领导整天和下级哥们义气一般地你来我往，往往在涉及原则的时候就会碍于情面不好意思执行，但是这个时候就会形成对下属的纵容，长此以往必会出大乱子。

在企业管理中，管理者与员工距离太远，则无法施加影响力；和员工距离太近又容易丧失原则，不利于企业管理。因此，一个成功的管理者一定要与下属保持适当的距离。

其实，最好的管理者都是一座孤岛，能够跟下属保持恰当的距离，这座孤岛，是一座只能与其他岛相通，但不能与其他岛相连的孤岛。因为它一旦与其他岛相连，这座岛就会失去它自身的独立性，容易受各色人等左右。

作为一名管理者，同人类所有的属性一样，如果我们想得到一些东西，就注定要舍弃一些东西。“冷酷无情”有时候是一个管理者必备的素质。“保持一定距离”，众所周知是法国总统戴高乐将军的座右铭。戴高乐对待自己身边的顾问和参谋们始终恪守这一原则。在他任总统的十多年里，他的总秘书处、办公厅和私人参谋部等顾问及智囊团，很少有人工作年限超过两年以上的，何以如此？

在他看来，调动是正常的，不调动是不正常的。因为，只有调动，才能保持一定的距离，而唯有“保持一定距离”，才能保证顾问和参谋们的思维和决断的新鲜和充满朝气，也就可以杜绝年长日久的顾问和参谋们利用总统和政府的名义来营私舞弊的恶果。戴高乐不愧有先见之明。

虽然戴高乐的做法似乎有些不顾人情，但是他自己也一定曾经忍受着很多常人无法想象的孤独。为了营造一个公平干净的环境，他牺牲了很多与人亲近的机会，但是却换来了集体强大的工作效率。

普京也曾经在接受采访时指出："毋庸讳言，人们都希望从最高领导人那里得到帮助。坦率地讲，这是人之常情。当然，在我认识的人中也有人为自己定下行为准则：干好分内事，不提任何要求，安分守己，自己的问题自己解决。但总有人受到寻求大首长帮忙的诱惑，因此应当拉开距离。"

跟随自己时间久了的老部下，相互之间彼此了解并随随便便，这有时会让下属做事的时候自作主张，耽误了大事。自己偏爱的有专长的下属可能因为你的过度赏识而有恃无恐，出了事也等你出面包庇。身处管理层，作为领导者，其职责就是领导集体取得工作上的成绩，如果一个领导失去了公正和公平，对某几个下属过于亲近，就会不自觉地疏远其他人，那么他所得到的信息就将是片面的，而且也会招来其他人的猜疑，认为领导必然偏向自己喜欢的那几个身边人，长期下去，团队的工作积极性就会受到影响，导致一些矛盾的激化。

关系过分密切，就容易流于庸俗。凡是成功的上级都应该注意与下属"保持距离"。还是那句话，你作为一名管理者，注定只能是一座孤岛，在近与远的边沿寻找最恰当的位置，做到既不与下属过于亲密，也不与下属距离太远。

所以，每个管理者都要学会忍受孤独，保持独来独往的风格，向那些离我们距离太近的下属说"不"。

委婉拒绝下属提出的额外加薪的要求

我们身为社会的一分子，每天都有大量的时间用于工作。

工作于每个人来说是生存于世之本，而薪水的高低更是在某方面衡量一个人价值高低的标准，所以我们每个人都希望自己的薪水越高越好。当然，这是每一个员工的想法，如果换成公司的一个领导者，显然就站在了员工的对立面。

作为公司的领导层，经常会遇到员工提出加薪的要求，如果你恰巧正准备给这位员工涨工资，那自然是皆大欢喜。

但并不是所有的人都有这么幸运，也许你的员工的工作表现不好，你认为他目前不足以达到加薪的标准；也许看到员工辛辛苦苦、尽职尽责地工作，你打心眼里也想给员工加薪，但是无奈正值金融危机之际，而此时你的公司正面临利润滑坡、预算紧缩的情况时，答应下属的加薪要求是不可能的，一口回绝也是不理智、没有说服力的做法，下属很难接受你的这种冷漠态度，甚至闹到老板那里才罢休，最终弄个不欢而散的结局，而这恰恰是我们大家都不愿看到的。

加薪，不可能，不加薪，两败俱伤。我们应该采取何种方法才能使拒绝下属的要求既显得合情合理，又不影响下属的情绪呢？首先我们必须明确态度，员工要求加薪是正常现象，我们不能因为员工要求加薪而对其另眼看待，作为员工的领导者，要认真对待下属提出的每一个要求，在认真考核下属的价值和薪酬后，根据公司的具体经营情况，最终做出让员工心服口服的决定。

而对于那些不合理的加薪请求，领导者要果断地拒绝，但是要注意方式和方法，避免矛盾的产生。

1. 要学会委婉地拒绝

某一天，当你正在办公室埋头工作的时候，你的一名下属敲门进来，并向你直截了当地提出加薪要求。

这个时候，你一定要讲究一下说话的策略，特别是对那些为公司做出很大贡献，具备一定实力的员工，你更加需要慎之又慎。

如果你不假思索当面对员工说“不”，便会很大程度上挫伤员工的工作积极性，从而导致你的领导魅力急剧下滑。

甚至有的员工在向你提出加薪要求前，就已经做好了鱼死网破的准备——加薪不成，另谋他职。如果你真心不想丢失这样的好员工，面对这样的情况，你就需要在谈话的时候谨小慎微，而最有效的方法是委婉地拒绝。这种方法就是在谈话中先肯定下属的工作能力和对他的良好印象，然后谈谈公司目前遇到的经济困境和公司的发展前景，巧妙而委婉地否定他目前的加薪要求。

2.给员工一个合理的理由

其实，当员工向你提出加薪要求之前，需要花较多的时间来鼓足勇气走进你的办公室。甚至有的员工，在走进你办公室之前，已经做了两手准备。

如果你能本着设身处地的态度，为下属着想，给出合理的拒绝加薪的理由，让下属明白你这样做不是独断专行，而是事出有因，相信你一定能获得员工的理解和谅解。

所以，面对员工的请求，请不要敷衍了事，你最好心平气和地请员工坐下来，通过与下属的沟通知道员工想加薪的理由，也让自己了解下属的问题所在。这样做的好处，不仅有利于你从员工的角度看问题，而且在自己随后拒绝员工的时候也更有针对性和说服力。

3.不乱开空头支票

我们都知道，在面对员工不合理的加薪要求，或者是目前来说不能满足的加薪请求时，作为一名优秀的管理人员，我们都会在恰当的时机，圆通而果断地告诉员工“不”。

切记，在你拒绝员工的加薪请求时，不要因为补偿心理而随意给员工开设空头支票，这样在不能兑现时，不仅会降低你在员工中的威信，也给双方带来很多不必要的麻烦。

因为即使你一再强调你承诺的事要视将来情况决定，如等到业绩有转机了等，下属仍可能将它看作是承诺。

4.可以将加薪换成其他奖励方式

加薪的最大好处在于：一旦给员工加薪，那么员工的工作积极性就会提高。其实，有很多种其他方式也能达到这个目的。

如果你打算拒绝给员工加薪，又不想打击员工的工作积极性，不妨尝试将加薪换成其他奖励方式，比如为员工提供良好的发展空间，让员工在公司内部发挥更大的优势，在技术、经验上得到积累，或者提供难得的培训机会等。一般来说，员工对于这样的安排都会欣然接受，并希望自己抓住这次机会，通过这次机会在公司内部发挥出自己最大的优势，是自己无论在技术上，还是经验上都有的一次质的飞跃。毕竟在员工内心深处，无论在哪里工作，收获更有价值的东西甚至比金钱更重要。

虽然你拒绝了员工的加薪请求，但是这样做的好处是你不仅没有挫伤员工的工作积极性，而且是为那些有上进心的员工提供了更好的发展空间。他们是会理解你的。

同事之间竞争要多长个心眼

竞争，有时就是披着美丽幌子的丑恶怪物，我们往往在情感与理智之中迷惘，在你死我活的较量中使一些人际关系变得很难收拾。于是，竞争使社会关系的天平多了一个砝码。这个砝码将怎样倾斜，你一定要做到心中有数才行。

在竞争中，除非一方自愿放弃，否则，必然有刀光剑影的闪烁、明枪暗箭的中伤，令人防不胜防、难以回避。当你棋逢对手时，你的情感、理智、道德、功力都遭遇最大的考验。当你想获得成功的时候，是否不遵守道德准则？当你坦诚地面对竞争者，对方是否正在利用你的善良和诚意进行攻击?

“三十年河东，三十年河西”，人世变幻无穷，竞争中的虚伪不仅存在于同事之间，有时也存在于上下级之间。所以，无论怎样的竞争，还是小心为妙。

同事争功，用不伤和气的方式捍卫自己

你是否有过以下的经验？一天，一位与你稔熟的同事向你提出建议，一起合作帮助上司整理历年来的开会资料记录，虽然此举会增加工作负担，却不失为一个表现的好机会，可以博取升职与加薪。你对于这样的提议大表欢迎，甘愿每天加班完成额外的工作，甚至没有发出丝毫怨言。可是，你怎样也想不到，对方竟然把全部功劳归为己有，在上司面前邀功，结果他获得上司的提拔，使你又惊又怒。

一开始，你还不太在意，渐渐地连其他同事也看不过眼，谣言开始满天飞，令你再也难以忍受这一切。

这时候如果你公开地表示不满，只会把事情弄得更糟，给某些不怀好意的人以更多挑拨离间的机会，得不偿失。

你向上司或老板投诉以表明态度也不是妙法，这样容易变成“打小报告”，人家只会以为你“争宠”“妒才”，甚至是“恶人先告状”，无端留下坏印象，错上加错。

对自己做出的成绩，除非你打算继续坐冷板凳，蹲在角落里

顾影自怜，否则，每当做完自认为圆满的工作，要记得向上司、同事报告，别怕人看见你的光亮；当有人来抢夺属于你的功劳时，也要坚决捍卫。

一般来说，你可以选择这样的方式来捍卫自己的这些成果：

1.想法和创意提前提出

很多时候，你在不经意间提到的想法和创意很可能被你的同事拿去用了。一旦等他们用后，你再和上司去说，估计就迟了。所以，一定要注意，有什么好的想法和创意，一定不要随便说出，先想好了，有了十足的把握就去和上司谈。

2.用短信澄清事实

当然，首先写的短信不能有任何坏的影响，短信内容一定不能让对方产生不悦。写短信的主要目的是要委婉地提醒一下对方，自己当初随便提出的想法，是怎样演变到今天这个令人欣喜的样子。在短信中适当的地方，你可以写上有关的日期、标题，可以引用任何现存的书面证据。

在短信的最后要建议进行一次面对面的讨论，这是很重要的，这能让你有机会再次含蓄地加强一下你的真正意思：这主意是你想出来的。

3.不着急和他人夺功

不着急和他人争功，并不是不争，而是要找准时机，怎样安排自己的语言。

在做出决定时，要考虑打这场“官司”得花费多少精力。如果你正在准备一次重要的提升，或者证明“所有权”只能使你疲惫不堪，再或者也许还会让你的上级生气，让他们纳闷你为什么不能用这个时间来做点儿更有意义的事情，在这些情况下退出争夺战显然是上上之策。

工作中的好心人未必都有好心肠

对你和颜悦色、笑脸相迎的人未必真心对你好，俗语说“会咬人的狗从不叫”。

办公室里的人际关系错综复杂，没有一双“慧眼”是不可能很好地生存的。在强敌如林的竞争者当中，不乏冷若冰霜的自私者、趾高气扬的傲慢者，但更可怕的是笑里藏刀的“好心人”。这些“好心人”往往有着不错的人缘，很好的口碑，能够在各种大事小情里发现他们的身影。他们往往口蜜腹剑，戴着友善的面具，赢得上司的信赖和同事的敬重，却在背后干着损人利己的勾当。他们的可怕之处在于让你找不出谁是使你蒙受不白之冤的幕后黑手，谁让你置身于不仁不义的两难境地，分不清谁是敌、谁是友。因此，只要擦亮双眼，提高警惕，仔细观察，谨慎处世，那么无论多么狡猾的“好心人”，终有一天是会露出尾巴，现出原形的。

我们对于戴着面具的“好心人”的认识的确需要一个过程。

要在观察、了解中分析，才能揭开他的虚假面具，使他的真面目暴露在众人面前。进而，在心理增设一道防线，防止他对自己造成伤害。

你要小心提防，千万不能把他们当成知己好友，而把自己的心事轻易地告之。否则，不但会惹来对方的轻视，还会成为别人的笑柄。同时，你也不能得罪他。因为，如果引起他的反感，他对你的评价就会影响周围人对你的印象，那你不是自讨苦吃吗？当然，只要留心观察，同事中的这类人还是不难辨认的。

第九章

与人为善，也一定要有原则

你的宽容，不应该不辨是非

“痛打落水狗”可以理解为把事情做彻底，不留隐患。对坏人要看清其本质，不姑息迁就，但不能乘人之危、落井下石。

隋大业十三年（617年），盘踞在洛阳的王世充与李密对峙。此前，王世充在兴洛仓战役中几乎被李密打得全军覆没，几乎不敢再与他交锋了。

不过，王世充很快重整旗鼓，准备与李密再决胜负。现在还有一个问题令他发愁，那就是粮食。洛阳外围的粮仓都已被李密控制，城内的粮食供应一直显得非常紧张。他的部队也不例外，因为常常填不饱肚子，每天都有人偷偷跑到李密那边去。王世充很清楚，如果粮食问题不能得到及时的解决，他想留住士兵们的一切努力终归是徒劳的，更甭提什么战胜李密。

在既无实力夺粮，又不可能从对手那里借粮的情况下，王世充想到了一个好主意：用李密目前最紧缺的东西去换取他的粮食。

王世充派人过去实地了解，回报说李密的士兵大都为衣服单薄而头痛。这就好办了！王世充欣喜若狂，当即向李密提出以衣易粮。李密起初不肯，无奈邴元真等人各求私利，老是在他耳边聒噪，说什么衣服太少会严重影响军心的安定，等等，李密不得已，只好答应下来。

王世充换来了粮食，部队的局面得到了根本的改观，士气进一步大振，尤其士兵叛逃至李密部的现象日益减少。李密也很快察觉了这一问题，连忙下令停止交易，但为时已晚。李密无形中已替王世充养了一支精兵，也就是为他自己的前景徒然增添了许多难以预想的麻烦。

后来，恢复生机的王世充大败李密。这时，李密才后悔莫及，当初没有“痛打落水狗”才让自己遭此命运。

明末农民军首领张献忠所向披靡，打得官军狼狈不堪。但同样的事例还有一则：

崇祯十一年（1638年），农民军遇上了劲敌，那就是作战英勇的左良玉。张献忠冒充官军的旗号奔袭南阳，被明总兵左良玉识破，计谋失败，张献忠负伤退往湖北谷城；李自成、罗汝才、马守应、惠登相等几支农民军也相继失利，且分散于湖广、河南、江北一带，各自为战，互不配合。张献忠在谷城处于官军包围之中，势力孤单，加上经过十余年的战争，农民军的粮饷很难筹集，处境十分恶劣。

张献忠经过一番思考，决定利用明朝高叫“招抚”的机会，将计就计。崇祯十一年春，张献忠得知陈洪范附属在熊文灿手下当总兵，大喜过望，原来陈洪范曾救过张献忠一命，而熊文灿的拿手戏则是以“抚”代“剿”。于是，他马上派人携重金去拜见陈洪范，说：“献忠蒙您的大恩，才得以活命，您不会忘记吧！我愿率部下归降来报效救命之恩。”陈洪范甚是惊喜，上报熊文灿，接受了张献忠。

此后，张献忠虽然名义上受“抚”，实际上仍然保持独立。经过一段时间休养生息之后，张献忠又于次年五月在谷城重举义旗，打得明朝官军措手不及。

李密在形势有利的情况下输给了王世充，从此一蹶不振；熊文灿过于轻信张献忠，把到手的胜利给丢掉了，究其原因都是没有拿出“痛打落水狗”的精神来，心慈手软，给对手以喘息之机。这对后人来说，实在是深刻的历史教训，应以此为鉴。

拒绝别人的伤害，是对自己最基本的善

在武则天统治时期，有个丞相叫娄师德，史书上说他“宽淳清慎，犯而不校”。意思是：处世谨慎，待人宽厚，对触犯自己的人从不计较。

他弟弟出任代州刺史时，娄师德嘱咐说：“我们弟兄受到的恩宠太多了，这是要遭人嫉恨的。你想过没有，怎样才能保全自己？”弟弟回答说：“以后，有人朝我脸上吐唾沫，我擦干就是了，你尽管放心吧！”

娄师德忧虑地说：“我不放心的就是这点！人家唾你脸，是生你的气，你把唾沫擦掉，岂不是顶撞他？这只能使他更火。怎么办？人家唾你，要笑眯眯地接受。唾在脸上的唾沫，不要擦掉，让它自己干！”

在封建社会，娄师德这种“唾面不拭”的做法，一直被传为美谈。然而，我们今天看来，这种不辨是非、不讲原则的一味忍让、屈从，以求保全自己的做法，并不是真正的宽容，是要不得的。这是因为，不加分析地对一切凌辱、欺压统统忍受、退让、委曲求全，不仅是十足的自轻自贱，甚或是奴颜婢膝，而且只能起到纵容邪恶势力、助长恶风邪气的作用。这样的“委曲求全”实质上与“姑息养奸”没有多大差别。

我们提倡的宽容，是指在一些非原则问题上不要斤斤计较，睚眦必报。在涉及全局和整体利益的问题上要坚持原则，严于律己，要避免打着宽容的旗子做老好人，而损害全局或整体的利益。

另外，胸襟开阔并非等于无限度地容忍，包容并不等于对己构成危害的犯罪行为加以接受或姑息。正确的宽容才会使人有更好的人际关系，自己在心理上也会减少仇恨和不健康的情感；

对于一个群体而言，胸襟开阔，无疑是一种创造和谐气氛的调节剂。因此，宽容是建立良好的人际关系的一大法宝，以德服人是形成凝聚力的重要武器。

只有用“德”去治人，治你的事业和天下，你才会信心百倍地走向成功，同时你的完美个性才能得到体现。宽容是能够让人品德高尚的好习惯。我们应该培养这个习惯，从现在开始，用宽容、豁达主宰我们的品行，开创我们事业的美好前途。

胸襟开阔，是人生的奥秘。但胸襟开阔不是无原则地容忍、退让，胸襟开阔是一种超脱，是自我精神的解放，宽容要有点儿豪气。

乍暖还寒寻常事，淡妆浓抹总相宜。与其悲悲戚戚、郁郁寡欢地过一辈子，不如痛痛快快、潇潇洒洒地活一生，难道这不好吗？人活得累，是心累，常读一读这几句话就会轻松得多：“功名利禄四道墙，人人翻滚跑得忙；若是你能看得穿，一生快活不嫌长。”凡事到了淡，就到了最高境界，天高云淡，一片光明。

委屈自己成全别人，只是感动了自己而已

开口说话要有分寸，不能信口雌黄，不能够搬弄是非。

有一个国王，他十分残暴而又刚愎自用。但他的宰相却是一个十分聪明、善良的人。国王有个理发师，常在国王面前搬弄是非，为此，宰相严厉地责备了他。从那以后，理发师便对宰相怀

恨在心。

一天，理发师对国王说："尊敬的大王，请您给我几天假和一些钱，我想去天堂看望我的父母。"

昏庸的国王很是惊奇，便同意了，并让理发师代他向自己的父母问好。

理发师选好日子，举行了仪式，跳进了一条河里，然后又偷偷爬上了对岸。过了几天，他趁许多人在河里洗澡的时候，探出头，说自己刚从天堂回来。

国王立即召见理发师，并问自己父母的情况。

理发师谎报说：

"尊敬的国王，先王夫妇在天堂生活得很好，可再过十天，就要被赶下地狱了，因为他们丢失了自己生前的行善簿，所以要宰相亲自去详细汇报一下。为了很快到达天堂，应该让宰相乘火路去，这样先王就可以免去地狱之灾。"

国王听完后，立即召见了宰相，让他去一趟天堂。

宰相听了这些胡言乱语，便知道是理发师在捣鬼。可又不好拒绝国王的命令，心想："我一定要想办法活下来，要惩罚这个奸诈的理发师。"

第二天凌晨，宰相按照国王的吩咐，跳入一个火坑中，然后国王命人架上柴火，浇上油然后点燃，顿时火光冲天。全城百姓皆为失去了正直的宰相而叹息，那个理发师也以为仇人已死，不免扬扬得意起来。

其实，宰相安然无恙，原来他早就派人在火坑旁挖了通道，他顺着通道回到了家中。

一个月后，宰相穿着一身新衣，故意留着一脸胡子和长发，从那个火坑中走了出来，径直走向王宫。

国王听见宰相回来了，赶紧出来迎接。

宰相对国王说：

“大王，先王和太后现在没有别的什么灾难，只有一件事使先王不安，就是他的胡须已经长得拖到脚背上了，先王叫你派个老理发师去。上次那个理发师没有跟先王告别，就私自逃回来了。对了，现在水路不通了，谁也不能从水路上天堂去。”

第二天，国王让理发师躺在市中心的广场上，周围架起干柴，然后命人点上了火。顿时，理发师被烧得鬼哭狼嚎似的乱叫。这个搬弄是非的家伙终于得到了应有的惩罚。

理发师肯定没有想到，杀死自己的不是利剑，而是自己的“舌头”。

与人相处，以诚为重，当那些心术不正、好搬弄是非的人，欲置你于死地而惬意时，你的忍让就没有任何意义了。这时，你不妨“以其人之道，还治其人之身”，让他也尝一尝你的“舌头”的厉害。

但是，不到万不得已，还是要以宽容之心包容他人之过。但与此同时，你一定要端正自己的品行，不要搬弄是非，不要恶意地中伤他人，因为搬弄是非者，往往都没有好下场！

沉默有时是一种自我伤害

“沉默是金”被很多人所认同，认为有些事情无须过多解释，时间终会让真相大白的。但是很多时候，如果不及时地解决这些问题的话，就会给我们造成巨大的物质上的损失，以及长时间精神上的折磨，甚至让我们因此丧失生命。

国外，一位检察官正直、勇敢、不屈不挠地与恶势力斗争，因而引起了当地许多暴力团伙的刻骨仇恨，一再威胁、恐吓、骚扰，但检察官毫不动摇。不料，一家很有影响的报社突然报道了他与女职员的亲密关系，还配发了两人在一起走路、交谈的照片，文中对他的评价是“伪君子、无耻之徒”。其实那不过是一次公务会面，而检察官对此也不想理会。

岂料，这样的谣言越来越多，检察官的生活陷入一片混乱，甚至家人也不再信任他。当他得知自己将接受一次关于受贿指控的调查时，他的精神终于崩溃了。他选择了死亡，用血的惊叹号来证明自己的清白。在他的遗书中，他写道：“现在我知道，名誉比生命的价值更高。在我被彻底玷污之前，我必须离开……”

一个坚强的硬汉，败在了捕风捉影的谣言下。只要一点点谣言，就能在他的名誉上制造一个污点，失去人们信任的他最终走向了毁灭。

生命中难免会遭遇各种各样的误会，甚至是别人的诋毁，如果我们此时还坚持“清者自清”的古训，那么，受伤害的只能是自己。沉默并不是最佳的选择，只有站出来，采用适当的方式澄清自己，才可能消除谣言和不良影响，维护自己的名誉。

因此如果遭到误会或者诽谤，就需要通过正确的方式消除误会和影响，以减少损失和伤害。

忍一时风平浪静，忍一世一事无成

酒、色、财、气，人生四关，我们可以滴酒不沾，可以坐怀不乱，可以不贪钱财，却很难不生气。所以“气”关最难过，要想过这一关就须学会忍。

忍什么？一要忍气，二要忍辱。气指气愤，辱指屈辱。气愤来自生活中的不公，屈辱产生于人格上的褒贬。在中国人眼里，忍耐是一种美德，是一种成熟的涵养，更是一种以屈求伸的深谋远虑。

“吃亏人常在，能忍者自安”，是提倡忍耐的至理箴言。忍耐是人类适应自然选择和社会竞争的一种方式。大凡世上的无谓争端多起于小事，一时不能忍，铸成大错，不仅伤人，而且害己，此乃匹夫之勇。凡事能忍者，不是英雄，至少也是达士；而凡事不能忍者，纵然有点儿愚勇，终归难成大事。人有时太愚，小气不愿咽，大祸接踵来。

忍耐并非懦弱，而是于从容之中将“小事化无”。

无论是民族还是个人，生存的时间越长，忍耐的功夫越深。生存在这世上，要成就一番事业，谁都难免经受一段忍辱负重的曲折历程。因此，忍辱几乎是有所作为的必然代价，能不能忍受则是伟人与凡人之间的区别。

“能忍者自安”，忍耐既可明哲保身，又能以屈求伸，因此凡是胸怀大志的人都应该学会忍耐、忍耐、再忍耐。

但忍耐绝不是无止境地让步，而要有一个度，超过了这个度就要学会反击。

忍耐是一种智慧，但一味地忍让真就成了一种懦弱，凡事都有一个度，把握好这个度，才是正确的处世之道。

但是，如何掌握忍让这个度，乃是一种人生艺术和智慧，也是“忍”的关键。这里，很难说有什么通用的尺度和准则，更多的是随着所忍之人、所忍之事、所忍之时空的不同而变化。它要求有一种对具体环境、具体情况做出具体分析的能力。

总之，善忍，须懂得忍一时风平浪静，忍一世并不可取的道理，当忍则忍，不当忍则需寻找解决之途！

不必睚眦必报，但也不必委曲求全

人生究竟应该以德报怨，以怨报怨，还是以直报怨呢？然而，我们的人生经验会告诉我们，有的人德行不够，无论你怎么感化，恐怕他也难以修成正果。人们常说江山易改，禀性难移，如果一个人已经坏到底了，那么我们又何苦把宝贵的精力浪费在他的身上呢？现代社会生活节奏的加快，使得我们每个人都要学会在快节奏的社会中生存，用自己宝贵的时光做出最有价值的判断、选择。你在那里耗费半天的时间，没准儿人家还不领情，既然如此，就不用再做徒劳的事情了。

电影《肖申克的救赎》中有一句非常经典的台词："强者自救，圣人救人。"不要把自己当作一个圣人来看待，指望自己能够拯救别人的灵魂，这样做的结果多半是徒劳无益的，何不将时间用在更有价值的事情上呢？

当然，我们主张明辨是非。但是要记住，如果是对方错了，要告诉他错在何处，并要求对方就其过错补偿。如果不论是非，就不能确定何为直。"以直报怨"的"直"不仅仅有直接的意思，"直"，既要有道理，也要告诉对方，你哪里错了，侵犯了我什么地方。

有人奉行"以德报怨"，你对我坏，我还是对你好，你打了我的左脸，我就把右脸也凑过去，直到最终感化你；有人则相反，以怨报怨，你伤害我，我也伤害你，以毒攻毒，以恶制恶，通过这种方法来消灭世界上的坏事。其实，二者都有失偏颇，以德报怨，不能惩恶扬善；以怨报怨，则冤冤相报何时了？

以怨报怨，最终得到的是怨气的平方；以德报怨，除非对方真的到达一定境界，否则只会让你继续受到更多的伤害。其实，做人只要以直报怨，以有原则的宽容待人，问心无愧即可。

宽容不是纵容，不要让有错误的人得寸进尺，把错误当成理所当然的权利，继续侵占原本属于你的空间。挑明应遵守的原则，柔中带刚，思圆行方，既可以宽容错误的行为，又能改正他的错误。

当人们面对伤害时，不必为难，你只需以直报怨就好了。不必委曲求全，也不要睚眦必报，有选择、有原则的宽容，于己于人都有利。

爱情不是慈善，不喜欢就果断拒绝

我们每一个人都有爱的权利，更有选择爱的权利，进而就有拒绝那些疯狂追求者的权利。

一些人面对自己不喜欢的追求者却不知道怎么拒绝，原因是他们太善良，不忍心对着为了自己付出了很多的人说出那个残忍的“不”字，但是如果就这样假装自己被感动而勉强和对方在一起的话，只会是对自己更大的折磨。试想谁能坚持每天假装喜欢一个人呢？等到实在受不了了再说分手的时候，那无疑会让自己更加难受，也会给对方造成更大的痛苦。他可能会认为你残忍、无情，欺骗了他的感情。所以长痛不如短痛，我们想要自己活得快乐，有时候就难免得让一些人失望了。

有很多既漂亮又聪明的女孩，虽然身边充斥着疯狂追求者，但是她们却没有那么多烦恼，因为她们总能知道如何运用拒绝的方法。她们不会当面直接拒绝这些疯狂追求者，而是与他们非常融洽地相处。也让那些疯狂追求者明白一个前提，那就是他们之间只能当朋友，不会发展为恋人关系。

有时候如果你说你有男朋友了，有些追求者是不会死心的，但是如果你说你已经结婚了，那些追求者就会自动打退堂鼓。但是，还是有一些因为疯狂追求而酿成惨剧的案例，依然让我们触目惊心。

在日常生活中，我们也许会遇到这样的疯狂追求者：他会经常去你所在的科室骚扰你，在你通过走廊的时候趁机拦截你，甚至夸张到一路紧追至女厕所；他还会每天都给你写一封情书，通过别人打听到你家的电话号码，有事没事就打电话到你家里去；更恐怖的是他还会开摩托车跟踪你回家从而知道你的家庭住址。

那么，我们究竟该怎么做，才能在拒绝疯狂追求者的同时还不受伤害呢？由于女性一般都心地比较善良，所以她们在拒绝追求者的求爱的时候，往往不会直接拒绝，觉得那样容易伤害对方。因为，很多女人都容易心软，而一旦你态度不坚决，心软了，一切就前功尽弃了，甚至让他觉得你是在给他机会，进而以为你喜欢他。

对于那些非疯狂追求者而言，女同胞可通过一些暗示行为和语言，或通过第三方来拒绝。但是，对于那些较为执着的追求者而言，这些暗示一般很难产生预想的效果，这时候，你就应该明示来打消异性追求的念头，阻止追求行动。

但是，很多事情往往不会朝着你期待的方向发展，比如一些女生收了追求者的花后丢掉，以为这就是拒绝，但对方反而会认为收了是愿意给他机会。明示和暗示都无效时，你一定要尽量回避对方，万一不得已接触，一定要在公共场合。就算是约对方讲清楚，也要约在公共场所，最好找朋友陪同，这样可多一重人身保障。

如果还是没有效果，你就坚持不跟他讲一句话，他给你写的情书也不要回，他向你家里打电话也不要接，如果他路上追截你，你也假装没事人似的不理他。如果他甚至疯狂到让朋友告诉你他发生了意外，想要见你一面，你也一概不能心软。只有这样，随着时间的推移，慢慢地，那个疯狂的追求者就会放弃了。有时候，由于工作的关系，我们会与形形色色的客户打交道，而有的客户就会打着合作的旗号，对你展开追求。

如果有个人疯狂地追求你，他会每天都拿着一束象征浪漫的在公司门口等你，看到你从公司下班出来，就殷勤地献上早已经准备好的鲜花。即使你斩钉截铁地当面拒绝他，但疯狂的追求者之所以叫疯狂，就在于他不会以尊重女性的意愿而适时地结束，而是死缠烂打，永不妥协。如果你通过自己的说辞无法让这位疯狂追求者放弃，那么你可以试试打听到追求者的家庭，要追求者的父母禁止他对自己的骚扰。

即使这样，追求者还是隔三岔五地出现在你公司门口，而你实在是不堪其扰的话，那你只能做出最后一个选择，下决心辞了自己的工作，让追求者无法再找到自己。面对疯狂求爱者，其实还有一种简单而又可行的办法，那就是我们刚开始谈到的可以编造一个美丽的谎言来拒爱。记得那句话："我结婚了，你不知道吗？"

为了自己的幸福，就要懂得对不喜欢的人的疯狂求爱说"不"，虽然这会带来一些不快，但是也姑且把这看作是捍卫自己幸福所必须付出的代价吧。

帮忙也要有尺度

"过犹不及"的道理人人都知道。在与朋友相处的过程中，也应仔细掌握热心的"火候"，不然自己搭上一片心意，还丢掉了朋友，岂不是很可惜。

著名俄国寓言作家克雷洛夫写过这样一则寓言，说的是有位善做鲜鱼汤的杰米扬，为了款待老友福卡，做了一锅味美可口的鱼汤，一盆接一盆地敬劝老友多喝，直喝得福卡大汗如注，叫苦不迭。可是杰米扬还是一个劲儿地劝："喝得痛快！好，再来一盆吧！"结果尽管福卡很爱喝汤，也不得不赶紧拿起帽子、腰带和手杖，用足全力跑回家去，从此再也不敢登杰米扬的家门了。

这则寓言告诫人们，事情做过了头，好事也会变成坏事。《杰米扬的汤》以生动的形象揭示了这条辩证法。大家处理人际关系，应当时刻记住这个真理。坦诚、热情、谦逊、活泼、谨慎等，无疑都是待人必不可缺的品格。然而，这里同样也有一个"度"的问题，即要注意掌握分寸，特别是在朋友关系中，尽量做到恰到好处，否则极易失度，从而影响人际交往。

奥斯特洛夫斯基说过："所谓友谊，首先是诚恳。"的确，人际交往如果不胸怀坦荡，真诚恳切，而是相互戒备，"见面只讲三分话，绝不全掏一片心"，连正常交往尚且谈不上，又怎能指望相互推心置腹，以诚相见呢？

但是，所谓坦诚，也要适度，要讲实际效果。如朋友之间，"胸无芥蒂，无话不说"固然不错，但是，坦诚也应留有余地。说话办事透彻、痛快当然无可非议，不过，应该注意留有余地，必要的避讳还是需要的。有时为避免意外的发生，向当事者暂时保密，不吐露真情，也是人之常情，不宜把它同坦诚对立起来。

人际交往，由于场合、年龄、性别、辈分以及交往深浅程度等方面的不同，热情也应该有档次、分寸上的区别。在公共场合，即使熟人、恋人相见，也不宜旁若无人，高声纵情谈笑，至于失度的亲昵举动则更不相宜。

中国有句古语“轻诺必寡信”。失信的热情好比一张空头支票，只能取悦于一时，终归毫无价值。所以，如果有人相托应尽力而为，不过也应权衡是非利弊。对于那些明显不合情理，或者自己力不从心的委托，都应婉言谢绝。同理，自己对与其交往的对方，也不宜提出不合情理的要求。总之，热情是友谊的升温剂，倘若失控，超过了限度，也足以酿成焚毁友谊的悲剧。

法国资产阶级启蒙思想家孟德斯鸠说过：“谦虚是不可缺少的品德。”谦虚的品德在人际交往中尤其重要。一个背着自负自傲沉重包袱的人，他的友谊财富必然少得可怜。但是，谦虚须以坦诚为基础，否则就容易陷入虚伪的泥潭。比如讨论问题时，明明自己有不同意见，为表谦虚而不清楚表达，或者吞吞吐吐，言而不尽；对方批评自己时，当面唯唯诺诺，背后却又发牢骚。

再者，还应划清两个界限。一个是谦虚与虚荣的界限。如果一个人故作谦虚姿态，以求得“谦虚”的美誉，那就是虚荣的表现。这种虚荣心一旦被对方察觉，哪里还会有愉快的交往可言？再一个是谦虚与谄媚的界限。有些老实人在交际时爱对对方说一些言不由衷的溢美夸饰之词，以为只有这样才显得自己彬彬有礼，谦恭而有教养。殊不知，过分溢美，近乎谄媚，往往也令人生厌。

人无论做什么事，谨慎从事总是获取成功的必要条件，处理人际关系，自然不能例外。然而事情还有另外一面，在人们面前手足无措、忸怩羞怯，这是既有碍观瞻，也不利于交际的。应该说的话不说，能够办的事不办，已经成熟了的果子，也不去摘取，这就不是谨慎而是怯懦了。在交际过程中，人也不应把仪态的落落大方同言行的谨慎持重对立起来。否则，一身的“小家子气”，谁还喜欢同你打交道呢？

古希腊三大悲剧大师之一欧里庇德斯说：“既然我们都是凡人，就不如将友谊保持在适度的水平，不要对彼此的精神生活介入得太深。”靠得太近，相互温暖的同时，也会让彼此的缺点暴露无遗。好脾气的朋友人际交往中还是把握好相互之间的“度”，才能让友情恒温。否则热情过度，只会过犹不及。